Katrin Höfer

Das passende Zitat für jeden Anlass

Katrin Höfer

Das passende Zitat für jeden Anlass

Witzig und geistreich

Mit praktischem Schnellsuchsystem

Von Adam Riese bis Frank Zappa

humboldt

Bibliografische Information der Deutschen Nationalbibliothek
Die Deutsche Nationalbibliothek verzeichnet diese Publikation
in der Deutschen Nationalbibliografie; detaillierte bibliografische Daten
sind im Internet über http://dnb.ddb.de abrufbar.

ISBN 978-3-86910-003-6

Die Autorin: Katrin Höfer ist Lehrerin, Buchautorin und Journalistin. Für Unternehmen, Vereine, Partien und Verbände schreibt sie seit vielen Jahren auch Reden für verschiedene Anlässe wie Geburtstage, Taufen, Jubiläen, Eröffnungen oder Preisverleihungen. Dabei hat sie zahlreiche anspruchsvolle Sprichwörter und Zitate gesammelt, die nun erstmals in einem Buch vorgestellt werden.

Originalausgabe

Ein Imprint der Schlüterschen Verlagsgesellschaft mbH & Co. KG,
Hans-Böckler-Allee 7, 30173 Hannover
www.schluetersche.de
www.humboldt.de

Lektorat:	Eckhard Schwettmann
Covergestaltung:	DSP Zeitgeist GmbH, Ettlingen
Innengestaltung:	akuSatz Andrea Kunkel, Stuttgart
Titelfoto:	panthermedia/Andreas R.
Satz:	PER Medien+Marketing GmbH, Braunschweig
Druck:	CPI – Ebner & Spiegel, Ulm

Hergestellt in Deutschland.
Gedruckt auf Papier aus nachhaltiger Forstwirtschaft.

Inhalt

Vorwort

Ein guter Aphorismus ist die Weisheit eines ganzen Buches in einem einzigen Satz.

Theodor Fontane

Liebe Leserin, lieber Leser,

Sie halten nun ein Buch in Händen, für das ich seit mehr als zehn Jahren Sprüche und Zitate aus allen Bereichen gesammelt habe. Dabei war ich bemüht, möglichst alle Anlässe und Themenbereiche abzudecken, die im Leben von Belang sind. Ein weiteres Kriterium für die Auswahl war die Aktualität und die Frage, ob uns dieser Spruch auch heute noch etwas sagt. So war ich selber überrascht, dass schon Thomas Jefferson (1743–1826), dritter Präsident der USA und Mitverfasser der amerikanischen Unabhängigkeitserklärung, sich sehr kritisch zu Banken geäußert hat: *„Banken sind gefährlicher als stehende Heere.“* Angesichts der Bankenkrise der Jahre 2008 und 2009 erkennt man, dass viele kluge Köpfe schon vor Jahrhundert, ja sogar schon vor Jahrtausenden, allgemeingültige und zeitlose Weisheiten in einen kurzen Satz gekleidet haben.

Natürlich finden Sie auch uralte asiatische Weisheiten in diesem Buch, ebenso noch heute gültige, universelle Erkenntnisse antiker Philosophen. *„Freude an der Arbeit lässt das Werk trefflich geraten“* ist so ein Satz des berühmten Aristoteles (384–322 v. Chr.), dem wohl einflussreichsten Philosophen in der Geschichte des Westens. Und, so viel ist sicher, Freude hatte ich an diesem Werk.

Zeitlos und bis heute unwiderstehlich ist der Humor von Wilhelm Busch (1832–1908). Die satirischen Verse des Urvaters der heutigen Comics sind heute noch von verblüffendem, stets ins Schwarze treffendem Witz und es wert, nicht in Vergessenheit zu geraten. Deshalb finden Sie in diesem Buch immer mal wieder einen Spruch von ihm.
Es fehlen natürlich auch nicht die bekannten Sprüche klassischer großer Schriftsteller, Goethe natürlich, und Schiller. Es ist erstaunlich, wie viele Sätze aus ihren Werken Einzug in den deutschen Sprachgebrauch gefunden haben.
Wussten Sie, dass der Ausdruck „*im siebten Himmel schweben*" aus dem Koran stammt? Aber natürlich ist in unserer Kultur vor allem die Bibel eine ergiebige Quelle von Sprüchen und bildhaften Gleichnissen. Mehr dazu ab Seite 292.
Angesichts vieler aktueller Probleme in der Welt gefällt mir ein Spruch Friedrichs des Großen (1712–1786) besonders gut: „*Man müsste es dahin bringen, dass sich alle Menschen des Fanatismus und der Intoleranz schämten.*"

Ich hoffe, Sie haben nun Lust auf mehr bekommen! Aber bitte bedenken Sie dabei immer: Dieses Buch ist kein wissenschaftliches Werk, sondern eine unterhaltsame, informative und auch lehrreiche Sammlung von Sprüchen für jeden Anlass.
Ich wünsche Ihnen nun viel Vergnügen bei der Lektüre und bin mir sicher, dass Sie den passenden Spruch finden werden für eine Ansprache, eine kluge Konversation, einen Brief, eine E-Mail, eine Glückwunschkarte, einen Eintrag in ein Gästebuch oder einfach nur zur Erkenntnis!

Katrin Höfer, im März 2009

Hinweise zur Benutzung dieses Buches

Wer immer tut, was er schon kann,
bleibt immer das, was er schon ist. *Henry Ford*

Dieses Lexikon der Sprichwörter und Zitate kann selbstverständlich nur eine kleine Auswahl präsentieren. Es wurde aber darauf geachtet, dass die Zitate uns auch heute noch etwas sagen. Sehr schön ist das etwa beim Thema „Banken“ der Fall. Der alphabetisch sortierte Navigator findet sich gleich am Anfang des Buches im folgenden Kapitel. Diese Liste ist das erste Register in diesem Buch. Die Stichwörter helfen Ihnen, ein gutes und passendes Zitat für jeden Anlass zu finden. Dabei ist jedes Zitat unter mindestens einem Stichwort zu finden. Dieses Buch hat aber noch weitere Register zu bieten: So können Sie auch nach den Verfassern suchen, die Sie im hinteren Teil des Buches finden, natürlich auch alphabetisch sortiert und mit ihren Lebensdaten versehen.

Manche Zitate sind im lateinischen Original und in der gängigen deutsche Übersetzung aufgeführt. Eine Liste der lateinischen Zitate finden Sie ebenfalls im hintern Teil des Buches.

Vielleicht wollen Sie ja auch etwas zu einem bestimmten Tag sagen? In einem weiteren Register finden Sie Bauernregeln zu bestimmten Tagen, die sich naturgemäß meist auf das Wetter beziehen. Aber das ist ja ein Thema, das jeden interessiert und für eine unbefangene Konversation empfohlen wird.

Es ist wenig überraschend, dass viele Sprüche unseres alltäglichen Lebens aus der Bibel stammen, dem „Buch der Bücher". Daher gibt es auch ein Register der Bibelzitate, die Sie reichlich in diesem Buch vorfinden. Die Register bilden somit einen wichtigen Bestandteil des Buches und erschließen den Zitatenschatz auf übersichtliche Weise. So wird jeder Leser rasch fündig werden!

Wir hoffen, Ihnen den Aufbau des Buches deutlich gemacht zu haben, und dass Sie, liebe Leserin, lieber Leser, nun viel Freude an dieser ebenso aktuellen wie ungewöhnlichen Sammlung an Sprüchen, Sprichwörtern und Zitaten haben!

Autorin und Verlag, im März 2009

Folgende Abkürzungen werden im Buch verwendet:

bayer.	bayerisch
dt.	deutsch
engl.	englisch
franz.	französisch
geb.	geboren
griech.	griechisch
hebr.	hebräisch
Hl.	Heilige/r
ital.	italienisch
Jh.	Jahrhundert
lat.	lateinisch
n. Chr.	nach Christus
preuß.	preußisch
St.	Sankt
u.	und
vgl.	vergleiche
v. Chr.	vor Christus

Alphabetisches Verzeichnis der Stichwörter

Es ist ebenso interessant und schwer, etwas gut zu sagen, wie es gut zu malen ist.

Vincent van Gogh

In diesem Register finden Sie ein alphabetische Verzeichnis aller Stichwörter von A bis Z. Es sollte zu jedem wichtigen Thema mindestens ein Stichwort zu finden sein von Philosophen, Popstars, aus der Bibel oder der Literatur. Es ist praktisch ein Inhaltsverzeichnis zu den Sprüchen, Zitaten, Aphorismen darauf folgenden Kapitel.

Zitate nach Stichwörtern von A–Z

1 + 1, das macht 2 nach Adam Riese.

Adam Ries, auch Riese

(Anm.: Der legendäre Rechenmeister *Adam Riese* verfasste 1518 das erste Rechenbuch in deutscher Sprache „Rechnung auff der Linihen“, damit „der arme gemeine man ym Brotkauff nicht vbersezt würde“.)

Wer **A** sagt, der muss nicht B sagen.
Er kann auch erkennen, dass A falsch war. *Bertolt Brecht*

Ich bin das **A** und O, der Anfang und das Ende.

Bibel, Offenbarung des Johannes 1,8;

(Anm.: Im griech. *Alphabet* ist *A* (Alpha) der erste und O (Omega) der letzte Buchstabe)

Drücken wir das **Abbild** der Ewigkeit auf unser Leben.

Friedrich Nietzsche

Am **Abend** wird man klug für den vergangenen Tag,
doch niemals klug genug für den, der kommen mag.

Friedrich Rückert

Bleibe bei uns, denn es will **Abend** werden.

Bibel, Lukas 24, 29

Ein guter **Abend** kommt heran,
wenn ich den ganzen Tag getan. *Johann Wolfgang v. Goethe*

Es ist noch nicht aller Tage **Abend**.

Livius (lat.: „nondum omnium dierum solem occidisse".)

Der **Aberglaube** ist die Poesie des Lebens.

Johann Wolfgang v. Goethe

Der **Aberglaube** ist ein Kind der Furcht,
der Schwachheit und der Unwissenheit. *Friedrich der Große*

Abhängigkeiten? Ja, aber durch Liebe,
und nicht durch die Furcht. *Gerhart Hauptmann*

Wie in **Abrahams** Schoß. *Bibel, Matthäus 8,11*

(Anm.: Eigentlich heißt es „viele werden mit Abraham im Himmelreich sitzen")

Abrüstungskonferenzen sind die Feuerwehrübungen
der Brandstifter. *John Osborne*

Man fühlt die **Absicht,** und man ist verstimmt.

Johann Wolfgang v. Goethe

Abstinenzler sind Leute, die vom Verzichten nicht genug bekommen können. *Michael Pfleghar*

Abstrahieren heißt die Luft melken. *Friedrich Hebbel*

Wer sich an das **Absurde** gewöhnt hat, findet sich in unserer Zeit gut zurecht. *Eugène Ionesco*

Achten die Menschen sich selbst, so achten sie gewöhnlich auch die fremde Persönlichkeit. *Samuel Smiles*

St. **Agatha,** die Gottesbraut, macht,
dass Schnee und Eis gern taut.

Bauernregel für den 5. Februar

Ahnen sind für den nur Nullen, der als Null zu ihnen tritt;
steh als Zahl an ihrer Spitze, und die Nullen zählen mit.

Wilhelm Müller

Überall geht ein frühes **Ahnen**
dem späteren Wissen voraus.

Alexander v. Humboldt

Verliere keine Zeit und Geld mit **Ahnenforschung**!
Du brauchst nur in die Politik einzusteigen und deine
Gegner werden es für dich kostenlos herausfinden.

Mark Twain

Der dümmste Grund, eine **Aktie** zu kaufen, ist, weil sie steigt. *Warren Buffett*

Mische ein bisschen Torheit in dein ernsthaftes Tun und Trachten! **Albernheiten** im rechten Moment sind etwas ganz Köstliches. *Horaz*

Die **Albernheit** ist eine Erholung von der Umwelt.
Peter Bamm

Kommt, lasst uns **alle** für einen stehen. *Friedrich v. Schiller*

Es ist nicht gut, dass der Mensch **allein** sei.
Bibel, 1. Moses 2,18

Wähl die eine, der du sagst: Du nur gefällst mir **allein.**

Ovid

Wenn es zu **Allerheiligen** schneit,
dann halte deinen Pelz bereit.

Bauernregel zum 1. November

Ist es zu **Allerheiligen** rein,
dann tritt Altweibersommer ein.

Bauernregel zum 1. November

Nun muss sich **alles,** alles wenden. *Ludwig Uhland*

Zwar weiß ich viel, doch möchte ich **alles** wissen.

Johann Wolfgang v. Goethe

Eine **Allianz** ist eine Ehe, bei der die Eifersucht
größer ist als die Liebe. *Amintore Fanfani*

Allwissend bin ich nicht, doch viel ist mir bewusst.
Johann Wolfgang v. Goethe

Wenn du aber **Almosen** gibst,
so lass deine linke Hand nicht wissen,
was die rechte tut. *Bibel, Matthäus 6,3*

Alt ist man dann, wenn man an der Vergangenheit
mehr Freude hat als an der Zukunft. *John Knittel*

Alt werden steht in Gottes Gunst,
jung bleiben, das ist Lebenskunst. *Sprichwort*

Wie **alt** man geworden ist, sieht man an den Gesichtern derer, die man jung gekannt hat. *Heinrich Böll*

Alt wie Methusalem. *Bibel, 1. Moses 5,25–27*

Ich bin zu **alt,** um nur zu spielen,
zu jung, um ohne Wunsch zu sein. *Johann Wolfgang v. Goethe*

Das **Alte** stürzt, es ändert sich die Zeit,
und neues Leben blüht aus den Ruinen. *Friedrich v. Schiller*

Nehm'n Se 'nen **Alten!** *Otto Reutter*

(Anm.: Dies ist der Titel eines Couplets/Liedes, fast 100 Jahre alt. Als sinnvolle Aufforderung heute zutreffender denn je!)

Von einem gewissen **Alter** ab tut auch die Freude weh.

Charlie Chaplin

Alter ist die hoffnungsloseste aller Krankheiten.

Heinrich Mann

Die **Alten** sollst du ehren. *Bibel, 3. Moses 19,32*

Eilig entschwindet die Zeit,
unmerklich beschleicht uns das **Alter**. *Ovid*

Ich finde das **Alter** nicht arm an Freuden.
Farben und Quellen dieser Freuden sind nur anders.

Alexander v. Humboldt

Altern heißt, sich über sich selbst klar werden
und sich beschränken. *Simone de Beauvoir*

Gehe hin zur **Ameise,** du Fauler!
Siehe an ihr Tun und lerne von ihr.

Bibel, Sprüche Salomos 6,6

Alles besiegt **Amor.** *Vergil*

(*Anm.: lat. = „omnia vincit amor“*)

Ich hab' hier bloß ein **Amt** und keine Meinung.

Friedrich v. Schiller

Man muss die zwei weit unterscheiden,
Amt und Person. *Martin Luther*

Wem Gott ein **Amt** gibt,
dem raubt er den Verstand. *Erich Kästner*

Tut, was Eures **Amtes** ist. *Friedrich v. Schiller*

Der **Amtsschimmel** wiehert. *Unbekannter Herkunft*

(Anm.: gemeint ist aber wohl kein Pferd, sondern der Schimmelpilz, der lange lagernde Akten überzieht.)

Amüsement ist das Glück derer,
die nicht denken können. *Alexander Pope*

Was du nicht willst, dass man dir tue,
das füge auch keinem **andern** zu. *Bibel, Tobias 4,16*

Mit dem, was du selbst tun kannst,
bemühe nie **andere**.

Thomas Jefferson

Nur die Weisesten und die Dümmsten
können sich nicht **ändern**.

Konfuzius

Schau in der **Andreasnacht,** was für ein Gesicht der
Winter macht. So wie es ausschaut, glaub es fürwahr,
bringt es ein gutes oder ein schlechtes Jahr.

Bauernregel für den 30. November

Fordere kein lautes **Anerkennen!**
Könne was, und man wird dich kennen.

Paul Heyse

Am **Anfang** schuf Gott Himmel und Erde.

Bibel, 1. Moses 1,1

Aus kleinem **Anfang** entspringen alle Dinge.

Cicero

Das ist der **Anfang** vom Ende. *William Shakespeare*

(Anm.: Im „Sommernachtstraum" heißt es wörtlich „... that is the true beginning of our end.")

Es ist immer Zeit für einen neuen **Anfang**.

Konrad Adenauer

Im Anfang war das Wort,
und das Wort war bei Gott,
und Gott war das Wort. *Bibel, Evangelium des Johannes 1,1*

Der **Anfang** ist die Hälfte des Ganzen. *Aristoteles*

Im **Anfang** war die Tat. *Johann Wolfgang v. Goethe*

Man darf niemals ‚zu spät' sagen.
Auch in der Politik ist es niemals zu spät.
Es ist immer Zeit für einen neuen **Anfang**.

Konrad Adenauer

Ich prüfe jedes **Angebot**.
Es könnte das Angebot meines Lebens sein. *Henry Ford*

Das **Angenehme** mit dem Nützlichen verbinden. *Horaz*

(*Anm.: in „Ars poetica" heißt es lat. „qui miscuit utile dulci".*)

Es ist leichter, schlechten **Angewohnheiten** vorzubeugen, als sie wieder loszuwerden.

Benjamin Franklin

Angst und bange werden.

Bibel, Hesekiel 30,16

Wo **Anmaßung** mir wohlgefällt?
An Kindern; denen gehört die Welt.

Johann Wolfgang v. Goethe

Ist **St. Anna** erst einmal vorbei,
dann kommt der Morgen kühl herbei.

Bauernregel für den 26. Juli

Beginnend bei St. **Ann**
gehen bald die kühlen Nächte an.

Bauernregel für den 26. Juli

Vor Gott gilt kein **Ansehen** der Person.

Bibel, Kolosser 3,25; 2. Chronik 19,7

Anständigkeit ist die Verschwörung der Unanständigkeit mit dem Schweigen. *George Bernard Shaw*

Es gibt nicht zwei Sorten von **Anständigkeit**,
und was ein anständiger Mensch nicht darf,
das darf auch ein anständiger Staat nicht.

Theodor Fontane

Antiquitäten sind das einzige Feld,
auf dem das Gestern noch Zukunft hat. *Harold Wilson*

Wenn an **Antonius** die Luft ist klar,
dann gibt es bestimmt ein gutes Jahr.

Bauernregel für den 17. Januar

Es ist nicht genug, zu wissen;
man muss es auch **anwenden.**
Es ist nicht genug, zu wollen;
man muss auch tun.

Johann Wolfgang v. Goethe

Es kann die Spur von meinen Erdentagen
nicht in **Äonen** untergehen.

Johann Wolfgang v. Goethe

Wenn ich wüsste, dass morgen die Welt untergeht,
würde ich heute noch ein **Apfelbäumchen** pflanzen.

Martin Luther

Aphorismen entstehen nach dem gleichen Prinzip
wie Statuen: man nehme ein Stück Marmor
und schlage alles ab, was man nicht unbedingt braucht.

Gabriel Laub

Ein guter **Aphorismus** ist die Weisheit
eines ganzen Buches in einem einzigen Satz.

Theodor Fontane

Der **Appetit** kommt beim Essen. *François Rabelais*

(Anm.: In „Gargantua" heißt es franz. „l'appetit vient en mangeant".)

Gibt es Donner im **April,**
so dieser viel Gutes verkünden will. *Bauernregel*

Arbeit macht das Leben süß. *Gottlob Wilhelm Burmann*

Freude an der **Arbeit** lässt das Werk trefflich geraten.

Aristoteles

Nur in der **Arbeit** wohnt der Frieden,
und in der Mühe wohnt die Ruh'. *Theodor Fontane*

Tages **Arbeit,** abends Gäste!
Saure Wochen, frohe Feste
sei dein künftig Zauberwort.

Johann Wolfgang v. Goethe

Wenn gute Reden sie begleiten,
dann fließt die **Arbeit** munter fort. *Friedrich v. Schiller*

Die Geizigen sind den Bienen zu vergleichen:
sie **arbeiten**, als ob sie ewig leben würden. *Demokrit*

Gott sorgt, wir aber sollen **arbeiten**. *Martin Luther*

Wer nicht **arbeitet**, der soll auch nicht essen.

Bibel, 2. Thessalonicher 3,10

Der Arbeiter soll seine Pflicht tun,
der **Arbeitgeber** soll mehr tun als seine Pflicht.

Marie v. Ebner-Eschenbach

Arbeitsessen ist eine Mahlzeit, bei der man die Arbeit gleich mitverspeist, damit sie nicht mehr stört.

Robert Peyrefitte

Architektur ist erstarrte Musik.

Friedrich Wilhelm Schelling

Bemüh dich nur und sei hübsch froh,
der **Ärger** kommt schon sowieso.

Wilhelm Busch

Verrat und **Argwohn** lauscht in allen Ecken.

Friedrich v. Schiller

Wer durch des **Argwohns** Brille schaut,
sieht Raupen selbst im Sauerkraut.

Wilhelm Busch zugeschrieben

Die schwierigste Turnübung ist immer noch,
sich selbst auf den **Arm** zu nehmen. *Werner Finck*

Das sicherste Mittel, **arm** zu bleiben,
ist, ein ehrlicher Mensch zu sein. *Napoleon I.*

Nicht wer wenig hat, sondern wer viel wünscht,
ist **arm**. *Seneca*

Wer den **Armen** gibt, dem wird es an nichts mangeln.

Bibel, Salomos 28,27

Er kann mich am **Arsch** lecken. *Johann Wolfgang v. Goethe*

(Anm.: In Götz von Berlichingen heißt es richtig „Vor Ihro kaiserliche Majestät hab' ich, wie immer, schuldigen Respekt. Er aber, sag's ihm, er kann mich im Arsch lecken.“).

Noch sind wir zwar keine gefährdete **Art**,
aber es ist nicht so, dass wir nicht oft genug
versucht hätten, eine zu werden. *Douglas Adams*

Wahrheit ist eine widerliche **Arznei**. *August v. Kotzebue*

Eulen nach **Athen** tragen. *Aristophanes*

(Anm.: Die Eule war in der Antike das Symbol der Göttin und Schutzpatronin Athene. Also ist es überflüssig, Eulen dorthin zu tragen, denn es gibt dort schon genug!)

Ich bin die **Auferstehung** und das Leben.
Wer an mich glaubt, der wird leben,
ob er gleich stürbe. *Bibel, Evangelium des Johannes 11,25*

Was man nicht **aufgibt,** das hat man nie verloren.
Friedrich v. Schiller, Maria Stuart

Aufklärung heißt, die Vernunft macht immer heller,
in welchem Dunkel wir leben. *Ludwig Marcuse*

Ohne **Aufopferung** lässt sich keine Freundschaft denken.

Johann Wolfgang v. Goethe

Die Kunst ist, einmal mehr **aufzustehen**,
als man umgeworfen wird. *Winston Churchill*

Etwas hüten wie seinen **Augapfel.** *Bibel, 5. Moses 32,10*

Auge um Auge, Zahn um Zahn.

Bibel, 2. Moses 21,24; Matthäus 5,38

Ein Dorn im **Auge** sein. *Bibel, 4. Moses 33,55*

Aller **Augen** warten auf dich. *Bibel, Psalm 145,15*

Ein Mensch sieht, was vor **Augen** ist,
der Herr aber sieht das Herz an. *Bibel, 1. Samuel 16,7*

Ich hebe meine **Augen** auf zu den Bergen,
von denen mir Hilfe kommt. *Bibel, Psalm 121,1*

Ein **Augenblick**, im Paradies gelebt,
wird nicht zu teuer mit dem Tod gebüßt. *Friedrich v. Schiller*

Es gibt im Menschenleben **Augenblicke**,
wo er dem Weltgeist näher ist als sonst. *Friedrich v. Schiller*

Werd' ich zum **Augenblicke** sagen:
Verweile doch, du bist so schön! Dann magst du mich
in Fesseln schlagen, dann will ich gern zugrunde gehn.
Johann Wolfgang v. Goethe

Ausdauer wird früher oder später belohnt – meistens aber später. *Wilhelm Busch*

Denn viele sind berufen, aber nur wenige sind **auserwählt.** *Bibel, Matthäus 22,14*

Ausnahmen sind nicht immer Bestätigung der alten Regel. Sie können auch Vorboten einer neuen sein. *Marie v. Ebner-Eschenbach*

Außenpolitik, das bedeutet oft Tourismus auf Staatskosten. *Giovannino Guareschi*

Das **Außerordentliche** geschieht nicht auf glattem, gewöhnlichem Wege. *Johann Wolfgang v. Goethe*

Ein vernünftiges **Auto** soll seinen Besitzer
überallhin transportieren –
außer auf den Jahrmarkt der Eitelkeiten.

Henry Ford

Autoren sollten stehend an einem Pult schreiben.
Dann würden ihnen ganz von selbst kurze Sätze einfallen.

Ernest Hemingway

Autorität wird nur dann nicht angezweifelt,
wenn sie sich auf fachliche Leistung
und untadelige menschliche Haltung gründet.

Gustav Heinemann

Avantgardisten, das sind Leute, die nicht genau wissen,
wo sie hinwollen, aber als Erste da sind. *Romain Gary*

Die **Axt** im Hause erspart den Zimmermann.

Friedrich v. Schiller

Wundervoll ist **Bacchus** Gabe,
Balsam fürs zerrissene Herz.

Friedrich v. Schiller

Banken sind gefährlicher als stehende Heere.

Thomas Jefferson

Bankraub: eine Initiative von Dilettanten.
Wahre Profis gründen eine **Bank**.

Bertolt Brecht

Ein **Bankier** ist ein Mensch, der seinen Schirm verleiht, wenn die Sonne scheint, und ihn sofort zurückhaben will, wenn es zu regnen beginnt.

Mark Twain

Bleiben die Störche über **Bartholomä,**
so kommt ein Winter, der tut nicht weh.

Bauernregel für den 24. August

Ein voller **Bauch** studiert nicht gern. *Unbekannter Herkunft*

(*Anm.: Dieses Sprichwort lautet im lat. „plenus venter non studet libenter“.*)

Vom **Baum** der Erkenntnis essen. *Bibel, 1. Moses 2,9*

Wer gar zu viel **bedenkt,** wird wenig leisten.

Friedrich v. Schiller

Vertrau auf Gott und rette den **Bedrängten.**

Friedrich v. Schiller

Das **Bedürfnis** gilt als die Ursache der Entstehung;
in Wahrheit ist es oft nur die Wirkung des Entstandenen.

Friedrich Nietzsche

Den Teufel durch den **Beelzebub** austreiben.

Bibel, Matthäus 12,24–27

Die **Begehrlichkeit** kennt keine Schranke,
nur Steigerung. *Seneca*

Die **Begeisterung** ist das tägliche Brot der Jugend.
Die Skepsis ist der tägliche Wein des Alters. *Pearl S. Buck*

Mich ergreift, ich weiß nicht wie,
himmlisches **Behagen.** *Johann Wolfgang v. Goethe*

Zwar Nehmen ist recht gut,
doch besser ist **Behalten.** *Johann Wolfgang v. Goethe*

Behauptung ist nicht Beweis. *William Shakespeare*

Beifall lässt sich, wie Gegenliebe, nicht erzwingen.
Johann Wolfgang v. Goethe

Das **Beispiel** ist einer der erfolgreichsten Lehrer,
obgleich es wortlos lehrt. *Samuel Smiles*

Nichts wird langsamer vergessen als eine **Beleidigung**
und nichts eher als eine Wohltat. *Martin Luther*

Jede einem Menschen zugefügte **Beleidigung**, gleichgültig welcher Rasse er angehört, ist eine Herabwürdigung der ganzen Menschheit.

Albert Camus

Beleidigungen sind die Argumente derer, die unrecht haben.

Jean-Jacques Rousseau

Wer immer strebend sich **bemüht,** den können wir erlösen.

Johann Wolfgang v. Goethe, Faust

St. **Benedikt** den Garten schmückt.

Bauernregel für den 21. März

Meister der **Beredsamkeit** ist der, der alles Nötige sagt und nur dies.

François de La Rochefoucauld

Nur wer **bereut,** dem wird verziehen im Leben.

Dante Alighieri

Der **Berg** ist überschritten. Es wird mir besser gehen.

Friedrich der Große

(Anm.: Er soll es auf dem Totenbett gesagt haben, wörtlich auf franz. „… la montagne est passée, nous irons mieux“).

Die Menschen stolpern nicht über **Berge**,
sondern über Maulwurfshügel. *Konfuzius*

Berge von Gold versprechen. *Terenz*

(Anm.: lat. = „montes auri pollicens“. Gemeint ist, mehr versprechen, als man halten kann.)

Auf den **Bergen** ist Freiheit. *Friedrich v. Schiller*

Berlin sollte mit der Zeit die erste Sternwarte, die erste chemische Anstalt, den ersten botanischen Garten, die erste Schule für transzendente Mathematik besitzen. Das ist das Ziel meiner Bemühungen und das einigende Band meiner Anstrengungen.

Alexander v. Humboldt

Wer **Berlin** zur neuen Hauptstadt macht, schafft geistig ein neues Preußen. *Konrad Adenauer*

Berlin ist mehr ein Weltteil als eine Stadt. *Jean Paul*

Vor zweitausend Jahren war der stolzeste Satz, den ein Mensch sagen konnte, der: Ich bin ein Bürger Roms. Heute ist der stolzeste Satz, den jemand in der freien Welt sagen kann: Ich bin ein **Berliner**. Deshalb bin ich als freier Mensch stolz darauf, sagen zu dürfen: Auch ich bin ein Berliner. *John F. Kennedy*

Ein **Beruf** ist das Rückgrat des Lebens.

Friedrich Wilhelm Nietzsche

Bescheidenheit ist der einzige sichere Köder,
wenn du nach Lob angelst. *Philip D. Chesterfield*

Besser einander **beschimpfen**
als einander beschießen. *Winston Churchill*

In der **Beschränkung** zeigt sich erst der Meister.

Johann Wolfgang v. Goethe

Wehe den **Besiegten!** *Livius*

(*Anm.: Angeblicher Ausspruch des Gallierkönigs Brennus bei seiner Eroberung Roms, lat.: „vae victis!“.*)

Wer sich nicht selbst zum **Besten** halten kann,
der ist gewiss nicht von den Besten.

Johann Wolfgang v. Goethe

Besuche machen immer Freude:
wenn nicht beim Kommen,
dann beim Gehen.

Sprichwort unbekannter Herkunft

Bete und arbeite!

Sprichwort unbekannter Herkunft

(*Anm.: Diese Klosterregel lautet im lat.: „ora et labora!"*)

Beten stärkt den Mut, und Arbeit mehrt das Gut.

Sprichwort unbekannter Herkunft

Eines Christen Handwerk ist das **Beten.**

Martin Luther

Not lehrt **beten**. *Sprichwort unbekannter Herkunft*

Verliere keine Zeit mit **Beten.** *Ovid*

(Anm.: lat. „ne tempora per de precando".)

Wenn du aber **betest,** so gehe in dein Kämmerlein.
Bibel, Matthäus 6,6

Die Welt will **betrogen** sein,
also wird sie betrogen. *Sebastian Brant*

(Anm.: In „Das Narrenschiff" heißt es lat.: „mundus vult decipi, ergo decipiatur.")

So richtig nett ist's nur im **Bett.** *Peter Alexander*

(Anm.: Titel eines Schlagers, der dann sprichwörtlich wurde.)

Was zu **beweisen** war. *Euklid*

(Anm.: Wird oft als Schluss eines wissenschaftlichen Beweises gebraucht; lat. „quod erat demonstrandum“.).

Bewunderung ist die Tochter der Unkenntnis.

Benjamin Franklin

Zum **Bewusstsein** kommen heißt ein Gewissen bekommen, heißt wissen, was gut und böse ist.

Thomas Mann

Öffentliche **Bibliotheken**
sind geistigen Tankstellen der Nation. *Helmut Schmidt*

Es wird bei uns Deutschen mit wenig so viel Zeit totgeschlagen wie mit **Biertrinken.** *Otto v. Bismarck*

Bilde, Künstler, rede nicht! *Johann Wolfgang v. Goethe*

Gott schuf den Menschen nach seinem **Bilde,**
zum Bilde Gottes schuf er ihn. *Bibel, 1. Moses 1,27*

Oft trifft man wen, der **Bilder** malt,
viel seltner den, der sie bezahlt. *Wilhelm Busch*

In bunten **Bildern** wenig Klarheit,
viel Irrtum und ein Fünkchen Wahrheit.
Johann Wolfgang v. Goethe

Bildung ist etwas, das die meisten empfangen,
viele weitergeben und wenige haben. *Karl Kraus*

Bildung ist ein unentreißbarer Besitz. *Menander*

Die beste **Bildung** findet ein gescheiter Mann auf Reisen.
Johann Wolfgang v. Goethe

Natürlicher Verstand kann fast jeden Grad von **Bildung** ersetzen, aber keine Bildung den natürlichen Verstand.
Arthur Schopenhauer

Kaum hat mal einer ein **bissel** was,
gleich gibt es welche, die ärgert das. *Wilhelm Busch*

Bittet, so wird euch gegeben;
suchet, so werdet ihr finden;
klopfet an, so wird euch auf getan.
Bibel, Matthäus 7,7; Lukas 11,9

Mehr als das Gold hat das **Blei** die Welt verändert.
Und mehr als das Blei in der Flinte das im Setzkasten.

Georg Christoph Lichtenberg

Bleibe im Lande und nähre dich redlich. *Bibel, Psalm 37,3*

Blinder Eifer schadet nur. *Magnus Lichtwer*

(Anm.: Aus den Fabeln des Aesop, „Die Katze und der Hausherr".)

Mit **Blindheit** geschlagen. *Bibel, 1. Moses 19,11*

Blut ist ein ganz besonderer Saft. *Johann Wolfgang v. Goethe*

Gewaltsam ist der Zwang des **Blutes**. *Friedrich v. Schiller*

Auf fruchtbaren **Boden** fallen. *Bibel, Matthäus 13,8*

(Anm.: Wörtlich heißt es „Etliches fiel auf gutes Land und trug Frucht".)

Borgen macht Sorgen. *Sprichwort unbekannter Herkunft*

Das **Böse** lernt sich leicht, das Gute lernt sich schwer.
Chinesisches Sprichwort unbekannter Herkunft

Oh hüte dich vor allem **Bösen:**
es macht Vergnügen, wenn man es ist,
es macht Verdruss, wenn man's gewesen. *Wilhelm Busch*

Böses mit Gutem vergelten. *Bibel, Römer 12,21*

Kein **Bösewicht** kann glücklich sein. *Juvenal*

Tugend will ermuntert sein.
Bosheit kann man schon allein. *Wilhelm Busch*

Die **Botschaft** hör' ich wohl,
allein mir fehlt der Glaube. *Johann Wolfgang v. Goethe*

Es ist ein **Brauch** von alters her:
wer Sorgen hat, hat auch Likör. *Wilhelm Busch*

Was es alles gibt, was ich nicht **brauche**. *Aristoteles*

Der **brave** Mann denkt an sich selbst zuletzt.

Friedrich v. Schiller

Wer niemals einen Rausch gehabt,
das ist kein **braver** Mann. *Joachim Perinet*

Bretter, die die Welt bedeuten. *Friedrich v. Schiller*

(Anm.: Frei nach „An die Freunde", gemeint ist die Theaterbühne)

Wer vieles bringt, wird manchem etwas **bringen**.

Johann Wolfgang v. Goethe

Brosamen, die vom Tisch des Reichen fallen.

Bibel, Lukas 16,21

Brot und Spiele. *Juvenal*

(Anm.: es gab im antiken Rom auch Zirkusspiele für die Armen, wo kostenlos Lebensmittel verteilt wurden; aus den Satiren von Juvenal, lat. = „panem et circenses".)

Der Mensch lebt nicht vom **Brot** allein.

Bibel, 5. Moses 8,3; Matthäus 4,4 und Lukas 4,4

Über alles Geistige und Intellektuelle, über Philosophie
und Theologie erhaben ist die Hilfsbereitschaft
von Mensch zu Mensch, die Aufgabe, **Bruder** zu sein.

Albert Schweitzer

Wir wollen sein ein einzig Volk von **Brüdern,**
in keiner Not uns trennen und Gefahr. *Friedrich v. Schiller*

(Anm.: Aus „Wilhelm Tell" der Rütlischwur der Schweizer)

Das ist ein **Buch** mit sieben Siegeln!

Bibel, Offenbarung des Johannes 5,1

Ein klassisches **Buch** ist ein Buch,
das die Menschen loben, aber nie lesen. *Ernest Hemingway*

Die Erfindung des **Buchdrucks** ist das größte Ereignis
in der Weltgeschichte. *Victor Hugo*

Bücher haben ihre Schicksale. *Unbekannter Herkunft*

(Anm.: lat. = *„habent sua fata libelli"*.)

Bücher sind kein geringer Teil des Glücks.
Die Literatur wird meine letzte Leidenschaft sein.

Friedrich der Große

Dort wo man **Bücher** verbrennt,
verbrennt man am Ende auch Menschen. *Heinrich Heine*

Ein Raum ohne **Bücher** ist ein Körper ohne Seele. *Cicero*

Ein feste **Burg** ist unser Gott. *Martin Luther*

Bürokratie ist ein Riesenapparat,
der von Zwergen bedient wird. *Honoré de Balzac*

Die **Bürokratie** ist es, an der wir überall kranken.
Otto v. Bismarck

Tuet **Buße,** das Himmelreich ist nahe
herbeigekommen. *Bibel, Matthäus 3,2; 4,17*

Cäsar am Rubikon. *Unbekannter Herkunft*

(Anm.; Zur Redensart geworden mit dem Sinn, „vor einer wichtigen Entscheidung stehen", wie Cäsar vor dem Fluss Rubikon; lat. = „Caesar ad Rubiconem".)

Cäsar führst du und sein Glück. *Plutarch*

(Anm.: zitiert nach Johann Gottfried Kinkel, „Du trägst den Cäsar und sein Glück"; lat. = „Caesarem vehis eiusque fortunam".)

Treibt der **Champagner** das Blut erst im Kreise.

Wolfgang Amadeus Mozart

(Anm.: Aus der Oper „Don Giovanni", der Text zur „Champagnerarie".)

Alles, was uns imponieren soll,
muss **Charakter** haben. *Johann Wolfgang v. Goethe*

Am besten erkennt man den **Charakter**
eines Menschen bei Geldangelegenheiten,
beim Trinken und im Zorn. *Talmud*

Charakter – das ist eine Zeitfrage. *Bertolt Brecht*

Das Unglück ist der Prüfstein des **Charakters**.
Samuel Smiles

Charme ist die Art, wie ein Mensch ‚ja' sagt,
ohne dass ihm eine bestimmte Frage
gestellt worden war. *Albert Camus*

Ein **Christ** soll wenig Wort und viel Tat machen.
Martin Luther

Christus hätte vergebens gelebt und wäre vergebens gestorben, wenn er uns nicht gelehrt hätte, unser ganzes Leben nach dem ewigen Gesetz der Liebe einzurichten.

Mahatma Gandhi

Computer sind die logische Weiterentwicklung des Menschen: Intelligenz ohne Moral. *John Osborne*

Der Geschmack des **Curare** ist angenehm bitter und wir (Herr Bonpland und ich) haben öfters kleine Portionen davon verschluckt. Es ist keine Gefahr damit verbunden, wenn man sicher ist, weder an den Lippen noch am Zahnfleisch zu bluten. *Alexander v. Humboldt*

Die **Damen** geben sich und ihren Putz zum Besten und spielen ohne Gage mit. *Johann Wolfgang v. Goethe*

Mit zween Herren ist schlecht zu kramen,
noch schlechter, fürcht' ich, mit zwo **Damen.**

Wilhelm Busch

Was es auch sei, ich fürchte die **Danaer,**
auch wenn sie Geschenke bringen. *Vergil*

(Anm.: Danaer-Geschenke stehen heute für ungeliebte Präsente. Das von den Griechen (= Danaern) geschenkte Trojanische Pferd brachte durch die in seinem Bauch verborgenen Krieger der Stadt Troja den Untergang. Aus der „Aeneis", lat. = „quidquid id est timeo Danaos et dona ferentes".)

Keine Schuld ist dringender, als die, **Dank** zu sagen.

Cicero

Danket dem Herrn, denn er ist freundlich,
und seine Güte währet ewiglich. *Bibel, 1. Chronik 16,34*

Ein **Dementi** ist die verneinende Bestätigung einer Nachricht, die bisher ein Gerücht war.

Robert Peyrefitte

Ein **Dementi** ist der verzweifelte Versuch, die Zahnpasta wieder in die Tube hineinzubekommen. *Lore Lorentz*

Demokratie beruht auf drei Prinzipien: auf der Freiheit des Gewissens, auf der Freiheit der Rede und auf der Klugheit, keine der beiden in Anspruch zu nehmen.

Mark Twain

Demokratie heißt: die Spielregeln einhalten, auch wenn kein Schiedsrichter zusieht. *Manfred Hausmann*

Demokratie ist die Notwendigkeit, sich gelegentlich den Ansichten anderer Leute zu beugen.

Winston Churchill

Demokratie ist die Regierung des Volkes durch das Volk für das Volk.

Abraham Lincoln

(Anm.: im engl. OIriginal heißt das „governement of the people by the people for the people".)

Die **Demokratie** ist die schlechteste aller Staatsformen, ausgenommen alle anderen.

Winston Churchill

Demut ist die Fähigkeit,
auch zu den kleinsten Dingen
des Lebens emporzusehen.

Albert Schweitzer

Ich **denke**, also bin ich. *René Descartes*

(Anm.: Sein philosophischer Grundsatz laut lat. „cogito, ergo sum".)

Ich sage wenig, aber **denke** desto mehr.

William Shakespeare

Denken ist die schwerste Arbeit, die es gibt,
deshalb beschäftigen sich auch nur wenige damit.

Henry Ford

Das **Denken** ist das Selbstgespräch der Seele. *Plato*

Denken ist eine Anstrengung,
Glauben ein Komfort. *Ludwig Marcuse*

Frei will ich sein im **Denken** und im Dichten;
im Handeln schränkt die Welt genug uns ein.

Johann Wolfgang v. Goethe

Auch ein Dummkopf pflegt manchmal nachzu**denken**,
aber immer erst nach der Dummheit. *Jean-Jacques Rousseau*

Eine neue Art von **Denken** ist notwendig,
wenn die Menschheit weiterleben will. *Albert Einstein*

Wenn zwei Menschen immer dasselbe **denken**,
ist einer von ihnen überflüssig. *Winston Churchill*

Verzicht auf **Denken**
ist geistige Bankrotterklärung. *Albert Schweitzer*

Probleme kann man niemals mit derselben **Denkweise** lösen, durch die sie entstanden sind.

Albert Einstein

Jemandem einen **Denkzettel** erteilen. *Bibel, Maleachi 3,16*

Dick sein ist keine physiologische Eigenschaft – das ist eine Weltanschauung. *Kurt Tucholsky*

Jede Kanone, die gebaut wird, jedes Kriegsschiff, das vom Stapel gelassen wird, jede abgefeuerte Rakete bedeutet letztlich einen **Diebstahl** an denen, die hungern und nichts zu essen bekommen, denen, die frieren und keine Kleidung haben. Eine Welt unter Waffen verpulvert nicht nur Geld allein. Sie verpulvert auch den Schweiß ihrer Arbeiter, den Geist ihrer Wissenschaftler und die Hoffnung ihrer Kinder. *Dwight D. Eisenhower*

Diktatur ist ein Staat, in dem sich alle vor einem fürchten und einer vor allen. *Alberto Moravia*

Viele Menschen fliehen in die **Diktatur**, weil es guter Nerven bedarf, die Demokratie zu ertragen. *Hans Habe*

Diktaturen sind Einbahnstraßen,
in Demokratien herrscht Gegenverkehr. *Alberto Moravia*

Regnet es an St. **Dionys**, dann wird der Winter nass,
das ist gewiss. *Bauernregel für den 9. Oktober*

Ein **Diplomat** ist ein Mann, der die Paukenschläge
der Politiker in Harfenklänge verwandeln soll.
Eugene O'Neill

Ein **Diplomat** ist ein Mann, der offen ausspricht, was er nicht denkt. *Giovannino Guareschi*

Diplomatie meint die Fähigkeit, auf so taktvolle Weise nein zu sagen, dass alle Welt glaubt, man hätte ja gesagt.

Anthony Eden

Doppelt gibt, wer gleich gibt. *Publius Syrus*

(Anm.: In den „Sentenzen" heißt es lat. „bis dat, qui cito dat").

St. **Dorothee** bringt den meisten Schnee.

Bauernregel für den 6. Februar

Ein guter Mensch in seinem **Drange** ist sich des rechten Weges wohl bewusst. *Johann Wolfgang v. Goethe*

Ist **Dreikönig** hell und klar, dann gibt es viel Wein in diesem Jahr. *Bauernregel für den 6. Januar*

Doch große Seelen **dulden** still. *Friedrich v. Schiller*

Lache nie über die **Dummheit** der anderen. Sie ist deine Chance. *Winston Churchill*

Alberne Leute sagen **Dummheiten**, Gescheite machen sie. *Marie v. Ebner-Eschenbach*

Die das **Dunkel** nicht fühlen,
werden sich nie nach dem Licht umsehen.

Henry Thomas Buckle

Wahrlich, keiner ist weise, der nicht das **Dunkel** kennt.

Hermann Hesse

Denn die einen stehn im **Dunkeln**, und die andern
stehn im Licht; doch man sieht nur die im Lichte,
die im Dunkeln sieht man nicht. *Bertolt Brecht*

(Anm.: Berühmte Zeilen aus der „Dreigroschenoper".)

Im Dunkeln tappen. *Bibel, 5. Moses 28,29*

Edel sei der Mensch, hilfreich und gut.

Johann Wolfgang v. Goethe

(Anm.: Dieses Sprichwort entstammt dem Werk „Das Göttliche".)

Egoismus ist Einsamkeit. *Friedrich v. Schiller*

Ein **Egoist** ist ein unfeiner Mensch,
der für sich mehr Interesse hat als für mich.

Ambrose Bierce

Egoisten sind wir alle,
der eine mehr, der andere weniger. *August v. Kotzebue*

Die **Ehe** ist kein Fertighaus, sondern ein Gebäude,
an dem ständig konstruiert und repariert werden muss.

Jean Gabin

Die **Ehe** ist und bleibt die wichtigste Entdeckungsreise,
die der Mensch unternehmen kann. *Sören Kierkegaard*

Ehe bedeutet gegenseitige Freiheitsberaubung
in beiderseitigem Einvernehmen. *Oscar Wilde*

Ehe ist, wenn man trotzdem liebt. *Sigismund v. Radecki*

Ehe und Militärdienst sind die zwei Formen
von Freiheitsentzug ohne Gerichtsurteil. *Jean Genet*

Es ist das Geheimnis einer guten **Ehe**,
einer Serienaufführung immer wieder
Premierenstimmung zu geben. *Max Ophüls*

Du sollst nicht **ehebrechen.** *Bibel, 2. Moses 20,14; 6. Gebot*

Wer eine **Ehefrau** findet, der hat etwas Gutes gefunden.
Bibel, Sprüche Salomos 18,22

Ehre ist nichts als ein gemalter Schild beim Leichenzuge.

William Shakespeare

Ehre sei Gott in der Höhe und Frieden auf Erden
und den Menschen ein Wohlgefallen.

Bibel, Lukas 2,14; Weihnachtsgeschichte

Ehre, wem Ehre gebührt. *Bibel, Römer 13,7*

Bücher haben **Ehrgefühl.** Wenn man sie verleiht,
kommen sie nicht mehr zurück. *Theodor Fontane*

Was bringt zu **Ehren**? Sich wehren!

Johann Wolfgang v. Goethe

Was ist **Ehre**? Was mich aufrecht hält.

Johann Wolfgang v. Goethe

Wir haben heute **Ehrfurcht** vor den Bewohnern eines Wassertropfens, aber vor dem Menschen haben wir immer noch keine Ehrfurcht.

Christian Morgenstern

Ehrlich sein ist doch das Beste.
War es nur kümmerlich, so steht es doch feste.

Johann Wolfgang v. Goethe

Es ist keine Kunst, ein **ehrlicher** Mann zu sein, wenn man täglich Suppe zu löffeln hat. *Heinrich Böll*

Ein **ehrlicher** Mann mag stecken,
in welchem Kleide er will, man muss ihn lieben.

Gotthold Ephraim Lessing

Eifersucht ist Angst vor dem Vergleich. *Max Frisch*

Eifersucht ist eine Leidenschaft,
die mit Eifer sucht, was Leiden schafft.

Friedrich Schleiermacher

Sei gewiss, dass nichts dein **Eigentum** ist,
was du nicht inwendig in dir hast. *Matthias Claudius*

Eile mit Weile! *Sueton*

(Anm.: Ein Sprichwort nach der Kaiserbiografie des Augustus, lat. = „festina lente!".)

Ein redlich Wort mach **Eindruck,** schlicht gesagt.

William Shakespeare

Das **eine** tun und das andere nicht lassen.

Bibel, Matthäus 23,23

Einfachheit ist das Resultat der Reife. *Friedrich v. Schiller*

Oh heilige **Einfalt!** *Eusebius*

(Anm.: Bekannt aus der Kirchengeschichte, lat. = „o sancta simplicitas!“.)

Wenn über das Grundsätzliche keine **Einigkeit** besteht, ist es sinnlos, miteinander Pläne zu machen. *Konfuzius*

Die **Einkommensteuer** hat mehr Menschen zu Lügnern gemacht als der Teufel. *William Rogers*

Nichts nehmen die Menschen so übel,
als wenn sie keine **Einladungen** bekommen. *Oscar Wilde*

Wer **einsam** ist, der hat es gut, weil keiner da,
der ihm was tut. *Wilhelm Busch*

Durch **Eintracht** wachsen kleine Dinge,
durch Zwietracht zerfallen die größten. *Sallust*

(Anm.: Im Original lat. = „concordia parvae res crescunt, discordia maximae dilabuntur".)

Siehe, kein Wesen ist so **eitel** und unbeständig
wie der Mensch. *Homer*

Bescheidenheit ist die letzte Raffinesse der **Eitelkeit**.

Jean de la Bruyere

Denn die **Elemente** hassen das Gebilde
von Menschenhand. *Friedrich v. Schiller*

(Anm.: Ein wahrhaft zeitloses Zitat aus „Die Glocke")

Fällt zu **Eligius** ein kalter Wintertag,
dann die Kälte wohl vier Monate dauern mag.

Bauernregel für den 1. Dezember

St. **Elisabeth** sagt uns an, was der Winter ist für ein Mann.

Bauernregel für den 19. November

Wie die **Eltern** sind, wie sie durch ihr bloßes Dasein
auf uns wirken, das entscheidet. *Theodor Fontane*

Wenn die anderen glauben, man ist am **Ende**,
so muss man erst richtig anfangen. *Konrad Adenauer*

Lieber ein **Ende** mit Schrecken als ein Schrecken
ohne Ende. *Bibel, Psalm 73,19*

Meiner Meinung nach ist **Energie**
die erste und einzige Tugend des Menschen.
Wilhelm v. Humboldt

Wer die **Enge** seiner Heimat ermessen will, reise.
Wer die Enge seiner Zeit ermessen will,
studiere Geschichte. *Kurt Tucholsky*

Ein gefallener **Engel**. *Bibel, Offenbarung des Johannes 12,9*

Mit **Engelszungen** reden. *Bibel, 1. Korinther 13,1*

(Anm.: Vollständig heißt es „Wenn ich mit Menschen- und Engelszungen redete und hätte der Liebe nicht, so wäre ich ein tönend Erz oder eine klingende Schelle".)

Jeder **Engländer** ist eine Insel. *Novalis*

Enthaltsamkeit ist das Vergnügen an Dingen,
welche wir nicht kriegen. *Wilhelm Busch*

Entrüstung ist Bekenntnis der Hilflosigkeit.
Walther Rathenau

Entrüstung ist ein erregter Zustand der Seele,
der meist dann eintritt, wenn man erwischt wird.
Wilhelm Busch

Geizhälse: die Plage ihrer Zeitgenossen,
aber das Entzücken ihrer **Erben**. *Theodor Fontane*

Was du **ererbt** von deinen Vätern hast,
erwirb es, um es zu besitzen. *Johann Wolfgang v. Goethe*

Denn du bist **Erde**, und du sollst Erde werden.
Bibel, 1. Moses 3,19

Möge die **Erde** dir leicht sein! *Unbekannter Hertkunft*

(Anm.: Dieser Römische Grabspruch ist im Original lat. = „sit tibi terra levis!“.)

Unser **Erdenleben** ist nur eine kleine Strecke
auf der ganzen Bahn unserer Existenz. *Matthias Claudius*

Große **Ereignisse** werfen ihre Schatten voraus.

Thomas Campbell

(Anm.: In dem Werk „Lochiels Warnung" heißt es im Original engl. = „Coming events cast their shadows before".)

Die **Erfahrungen** sind wie die Samenkörner,
aus denen die Klugheit emporwächst. *Konrad Adenauer*

Die **Erfahrung** ist wie eine Laterne im Rücken;
sie beleuchtet stets nur das Stück Weg,
das wir bereits hinter uns haben. *Konfuzius*

Die **Erfahrung** ist zweifellos die beste Lehrmeisterin,
aber das Lehrgeld ist sehr hoch. *Françoise Sagan*

Nimm die **Erfahrung** und die Urteilskraft der Menschen über 50 heraus aus der Welt, und es wird nicht genug übrigbleiben, um ihren Bestand zu sichern. *Henry Ford*

Erfahrung ist der Name, mit dem jeder seine Dummheiten bezeichnet. *Oscar Wilde*

Wir glauben, **Erfahrungen** zu machen, aber die Erfahrungen machen uns. *Eugène Ionesco*

Erfahrungen vererben sich nicht – jeder muss sie allein machen. *Kurt Tucholsky*

Kluge Menschen suchen sich die **Erfahrungen** selbst aus, die sie zu machen wünschen. *Aldous Huxley*

Die **Erfindungen** für Menschen werden unterdrückt,
die Erfindungen gegen sie gefördert. *Bertolt Brecht*

Der **Erfolg** ist eine Folgeerscheinung,
niemals darf er zum Ziel werden. *Gustave Flaubert*

Erfolg besteht darin, dass man genau die Fähigkeiten hat,
die im Moment gefragt sind. *Henry Ford*

Am Mute hängt der **Erfolg**. *Theodor Fontane*

Erfolg ist so ziemlich das Letzte, was einem vergeben
wird. *Truman Capote*

Zusammenkommen ist ein Beginn, zusammenbleiben ist ein Fortschritt, zusammenarbeiten ist ein **Erfolg**.

Henry Ford

Das Geheimnis des **Erfolges** ist, den Standpunkt des anderen zu verstehen.

Henry Ford

Vom **Erhabenen** zum Lächerlichen ist nur ein Schritt.

Napoleon I.

Wer sich selbst **erhöht,** der wird erniedrigt; und wer sich selbst erniedrigt, der wird erhöht.

Bibel, Matthäus 23,12

Die **Erinnerung** ist das einzige Paradies, aus dem wir nicht vertrieben werden können.

Jean Paul

Kann man denn nicht auch lachend
sehr **ernsthaft** sein? *Gotthold Ephraim Lessing*

Die **Ersten** werden die Letzten sein,
und die Letzten werden die Ersten sein.

Bibel, Matthäus 19,30

Man lebt nicht, um zu **essen**,
sondern man isst, um zu leben. *Sokrates*

Ethik ist ins Grenzenlose erweiterte Verantwortung
gegenüber allem, was lebt. *Albert Schweitzer*

Europa ist heute nur dem Namen nach christlich.
In Wahrheit betet es den Mammon an. *Mahatma Gandhi*

Das **Evangelium** kann nicht ohne Humor gepredigt werden.

Martin Luther

Ein **Experte** ist ein Spezialist, der über etwas alles weiß und über alles andere nichts.

Ambrose Bierce

Ein **Experte** ist ein Mann, der hinterher genau sagen kann, warum seine Prognose nicht gestimmt hat.

Winston Churchill

Ein tiefer **Fall** führt oft zu höherem Glücke.

William Shakespeare

Hochmut kommt vor dem **Fall.**

Bibel, Sprüche Salomos 16,18

Fanatismus ist eine hochexplosive Mischung
von Engstirnigkeit und Energie. *Herbert v. Karajan*

In meinem Staate kann jeder nach seiner **Fasson**
selig werden. *Friedrich der Große*

(Anm.: Zugeschrieben 1740 als Äußerung über die Toleranz gegenüber anderen Religionen in Preußen.)

Faulheit ist der Hang zur Ruhe
ohne vorhergehende Arbeit. *Immanuel Kant*

Faulheit ist die Furcht vor bevorstehender Arbeit.

Cicero

Faulheit ist die Kunst, solange nichts zu tun, bis die
Gefahr vorüber ist, dass man etwas tun müsste.

Gunther Philipp

Sich ins **Fäustchen** lachen. *Bibel, Jesus Sirach 12,19*

Es gibt nur zwei Kräfte in der Welt:
das Schwert und die **Feder**.
Letzten Endes wird immer das Schwert
von der Feder besiegt. *Napoleon I.*

Es ist ein großer Vorteil im Leben, die **Fehler**,
aus denen man lernen kann, frühzeitig zu machen.
Winston Churchill

Ein kluger Mann macht nicht alle **Fehler** selbst.
Er gibt auch anderen eine Chance. *Winston Churchill*

Wer einen **Fehler** gemacht hat und ihn nicht korrigiert,
begeht einen zweiten. *Konfuzius*

Jeder Mensch macht **Fehler**.
Das Kunststück liegt darin, sie dann zu machen,
wenn keiner zuschaut. *Peter Ustinov*

Die großen Tugenden machen einen Menschen
bewundernswert, die kleinen **Fehler** machen
ihn liebenswert. *Pearl S. Buck*

Toleranz heißt, die **Fehler** der anderen zu entschuldigen,
Takt heißt, sie nicht zu bemerken. *Arthur Schnitzler*

Unsere **Fehlschläge** sind oft erfolgreicher
als unsere Erfolge. *Henry Ford*

Du sollst den **Feiertag** heiligen.

Bibel, 2. Moses 20,8; 3. Gebot

Feigheit ist der wirksamste Schutz
gegen die Versuchung. *Mark Twain*

Ein **Feigling** ist jemand, der in gefährlichen Situationen
mit den Beinen denkt. *Ambrose Bierce*

Warum in die **Ferne** schweifen?
Sieh, das Gute liegt so nah. *Johann Wolfgang v. Goethe*

Das **Fernsehen** ist eine Rache des Theaters
an der Filmindustrie. *Peter Ustinov*

Fernsehen ist das einzige Schlafmittel,
das mit den Augen eingenommen wird. *Vittorio de Sica*

Fernsehen ist Kaugummi für die Augen. *Orson Welles*

Filmemacher sollten bedenken,
dass man ihnen am Tag des Jüngsten Gerichts
all ihre **Filme** wieder vorspielen wird. *Charlie Chaplin*

Jemand unter seine **Fittiche** nehmen. *Bibel, Psalm 91,4*

Der Geist ist willig,
aber das **Fleisch** ist schwach. *Bibel, Matthäus 26,41*

Mein eigenes **Fleisch** und Blut. *Bibel, 1. Moses 37,27*

Den Weg alles **Fleisches** gehen. *Bibel, 1. Moses 6,12–13*

Alles **fließt.** *Heraklit*

Der **Flirt** ist die Kunst, einer Frau in die Arme zu sinken, ohne ihr in die Hände zu fallen. *Sasha Guitry*

Ein **Flirt,** das ist Training mit dem Unrichtigen für den Richtigen. *Senta Berger*

Ungleich ist der Teppich gewebt, den die blütenreiche **Flora** über den nackten Erdkörper ausbreitet.

Alexander von Humboldt

Der **Florian**, der Florian,
uns noch einen Schneehut setzen kann.

Bauernregel für den 4. Mai

Das eben ist der **Fluch** der bösen Tat,
dass sie fortzeugend Böses muss gebären. *Friedrich v. Schiller*

Ich bin allein auf weiter **Flur.** *Ludwig Uhland*

(Anm.: Aus „Schäfers Sonntagslied“, ist heute eine Redensart.)

Fortschritt ist die Verwirklichung von Utopien. *Oscar Wilde*

Fortuna lächelt; doch sie mag nur ungern voll beglücken;
schenkt sie uns einen Sommertag, schenkt sie uns auch
Mücken. *Wilhelm Busch*

Die Lippen einer **Frau** sind das schönste Tor
zu ihrer Seele. *Chinesische Weisheit*

Manche Männer bemühen sich lebenslang,
das Wesen einer **Frau** zu verstehen.
Andere befassen sich mit weniger schwierigen Dingen
z. B. der Relativitätstheorie. *Albert Einstein*

Die meisten **Frauen** wählen ihr Nachthemd
mit mehr Verstand als ihren Mann. *Coco Chanel*

Viel Kluges kam doch schon von den **Frauen**. *Euripides*

Die **Frauenseele** ist für mich ein offenes Buch –
geschrieben in einer unverständlichen Sprache.
Ephraim Kishon

Was du liebst, lass **frei**.
Kommt es zurück, gehört es dir – für immer. *Konfuzius*

Die **Freiheit** besteht darin, dass man alles tun kann,
was einem anderen nicht schadet. *Matthias Claudius*

Je mehr sich politische und wirtschaftliche **Freiheit**
verringern, desto mehr pflegt die sexuelle Freiheit
sich kompensatorisch auszuweiten. *Aldous Huxley*

Indem wir die Einheit des Menschengeschlechts
behaupten, widerstreben wir auch jeder unerfreulichen
Annahme von höheren und niederen Menschenrassen …
Alle sind gleichmäßig zur **Freiheit** bestimmt.

Alexander v. Humboldt

Die **Freiheit** ist ein Gut, das alle anderen Güter
zu genießen erlaubt. *Charles de Montesquieu*

Die **Freiheit** ist ein Gut, das durch Gebrauch wächst, durch Nichtgebrauch dahinschwindet.

Carl Friedrich v. Weizsäcker

Freiheit bedeutet Verantwortlichkeit;
das ist der Grund, warum die meisten Menschen
sich vor ihr fürchten. *George Bernard Shaw*

Man kann eine Idee durch eine andere verdrängen,
nur die der **Freiheit** nicht. *Ludwig Börne*

Wer anderen die **Freiheit** verleugnet,
verdient sie nicht für sich selbst. *Abraham Lincoln*

Die **Freiheit** besteht in erster Linie nicht aus Privilegien,
sondern aus Pflichten. *Albert Camus*

Die wahre **Freude** ist die Freude am andern.

Antoine de Saint-Exupéry

Ein Leben ohne **Freude** ist wie eine weite Reise
ohne Gasthaus. *Demokrit*

Wir streben mehr danach, Schmerz zu vermeiden,
als **Freude** zu gewinnen. *Sigmund Freud*

Ein **Freund** ist ein Mensch,
vor dem man laut denken kann. *Ralph Waldo Emerson*

Jedermann kann für die Leiden des **Freundes** Mitgefühl
aufbringen. Es bedarf aber eines wirklich edlen
Charakters, um sich über die Erfolge eines Freundes
zu freuen. *Oscar Wilde*

Gedächtnis ist ein Tagebuch,
das wir immer mit uns herumtragen. *Oscar Wilde*

Der **Gedanke** legt den Grund für die Tat. *Helmuth v. Moltke*

Dumme **Gedanken** hat jeder,
nur der Weise verschweigt sie. *Wilhelm Busch*

Gedanken sind nicht stets parat,
man schreibt auch, wenn man keine hat. *Wilhelm Busch*

Ein **Gedicht** ist die Widerspiegelung des Lebens
in seiner ewigen Wahrheit. *Percy B. Shelley*

Ein **Gedicht** ist immer die Frage nach dem Ich.

Gottfried Benn

Zwei Dinge lern **geduldig** tragen:
dein eigen Leid, der andren Klagen.

Marie v. Ebner-Eschenbach

Ist man in kleinen Dingen nicht **geduldig**,
bringt man die großen Vorhaben zum Scheitern. *Konfuzius*

Der Gebildete treibt die **Genauigkeit** nicht weiter,
als es der Natur der Sache entspricht. *Aristoteles*

Wer sich in **Gefahr** begibt, kommt darin um.

Bibel, Jesus Sirach 3,27

Es gibt ein Wort, das jedem als praktische Lebensregel dienen könnte: **Gegenseitigkeit.** *Konfuzius*

Wie fällt doch ein **Geheimnis** Weibern schwer!

William Shakespeare

Der **Geist** bewegt die Materie. *Vergil*

Ein gesunder **Geist** in einem gesunden Körper. *Juvenal*

(Anm.: Im Original lat. – „mens sana in corpore sano".)

Die ich rief, die **Geister**, werd' ich nun nicht los.

Johann Wolfgang v. Goethe

(Anm.: Oft zitiert, aus „Der Zauberlehrling".)

Wisset ihr nicht, wes **Geistes** Kind ich bin?

Bibel, Lukas 9,55

Selig sind, die **geistlich** arm sind,
denn ihrer ist das Himmelreich.

Bibel, Matthäus 5,3, Bergpredigt

Geiz ist die Wurzel allen Übels. *Bibel, 1. Timotheus 6,10*

Geizhälse sind unangenehme Zeitgenossen,
aber angenehme Vorfahren. *Viktor de Kowa*

Ein **Geiziger** kann nichts Nützlicheres und Besseres tun,
als wenn er stirbt. *Martin Luther*

Als ich jung war, glaubte ich,
Geld sei das Wichtigste im Leben;
jetzt wo ich alt bin, weiß ich, dass es das Wichtigste ist.

Oscar Wilde

Ich kann nichts dafür, dass meine Bilder sich nicht verkaufen lassen. Aber es wird die Zeit kommen, da die Menschen erkennen, dass sie mehr wert sind als das **Geld** für die Farbe. *Vincent van Gogh*

Geld ist eine neue Form der Sklaverei. *Leo Tolstoi*

Geld stinkt nicht. *Vespasian*

(Anm.: Der Römische Kaiser erhob auch auf öffentliche Toiletten Steuern und wird bei Sueton im Original zitiert, lat. = „pecunia non olet".)

Regel eins lautet: Verliere niemals **Geld**.
Regel zwei lautet: Vergiss nie Regel eins. *Warren Buffett*

Wo **Geld** vorangeht, sind alle Wege offen.
William Shakespeare

Die besten Dinge im Leben sind nicht die,
die man für **Geld** bekommt. *Albert Einstein*

Wenn man kein **Geld** hat,
dann denkt man immer an Geld.
Wenn man Geld hat,
dann denkt man nur noch an Geld. *Jean Paul Getty*

Es gibt Leute, deren Herzen gerade in dem Grad
einschrumpfen, als ihre **Geldbörsen** sich erweitern.
Aldous Huxley

Das **Gemälde** ist eine Brücke, welche den Geist des Malers mit dem des Betrachters verbindet. *Eugene Delacroix*

Jede Generation lächelt über die Väter,
lacht über die Großväter und bewundert die Urgroßväter.
William Somerset Maugham

Das Bewusstsein der Verbundenheit mit früheren Generationen kann wie eine Rettungsleine durch die schwierige Gegenwart sein. *Jon Dos Passos*

Das **Genie** bleibt immer selbst das größte Geheimnis.
Friedrich v. Schiller

Es gibt kein großes **Genie** ohne etwas Verrücktheit.
Aristoteles

Genie besteht aus 99 Prozent Transpiration
und einem Prozent Inspiration. *Adolph v. Menzel*

Zwischen dem **Genie** und dem Wahnsinnigen
ist die Ähnlichkeit, dass sie in einer anderen Welt leben
als der für alle vorhandenen. *Arthur Schopenhauer*

Ich **genieße** dankbar, was von außen kommt,
aber ich hänge an nichts. *Wilhelm v. Humboldt*

Genug ist Überfluss für den Weisen. *Euripides*

Das wahre Glück ist die **Genügsamkeit.**
Johann Wolfgang v. Goethe

Wer die **Geometrie** begreift,
vermag in dieser Welt alles zu verstehen. *Galileo Galilei*

Wenn an St. **Georg** der Regen fehlt,
dann wirst du danach damit gequält.
Bauernregel für den 24. April

Nichts ist endgültig geregelt,
was nicht **gerecht** geregelt ist. *Abraham Lincoln*

Euch, die ihr meinen Namen fürchtet,
wird die Sonne der **Gerechtigkeit** aufgehen.
Bibel, Maleachi 3,20

Gerechtigkeit besteht darin, von keinem Menschen
etwas zu nehmen, was ihm gehört. *Thomas Hobbes*

Wenn die **Gerechtigkeit** untergeht,
so hat es keinen Wert mehr,
dass Menschen leben auf Erden. *Immanuel Kant*

Ist es an **Gertrude** sonnig,
dann wird es dem Gärtner wonnig.
Bauernregel für den 17. März

Geschenke besänftigen Götter und Menschen. *Ovid*

Aus der **Geschichte** der Völker können wir lernen,
dass die Völker aus der Geschichte nichts gelernt haben.
Georg Friedrich Wilhelm Hegel

Geschichte handelt fast nur von schlechten Menschen,
die später gutgesprochen werden. *Friedrich Nietzsche*

Geschichte ist der Extrakt unzähliger Biografien.

Thomas Carlyle

Jeder nach seinem **Geschmack.** *François Rabelais*

(Anm.: Im Original franz. = „chacun à son goût".)

Über **Geschmack** lässt sich nicht streiten.

Unbekannter Herkunft

(Anm.: Im Original lat. = „de gustibus non est disputandum".)

Böse **Geschwätze** verderben gute Sitten.

Bibel, 1. Korinther 15,33

Es gibt Wichtigeres im Leben, als beständig dessen **Geschwindigkeit** zu erhöhen. *Mahatma Gandhi*

Man soll nicht vergessen, dass die **Gesellschaft**
lieber unterhalten als unterrichtet sein will.

Freiherr Adolf v. Knigge

Wenn auf der Erde die Liebe herrschte,
wären alle **Gesetze** entbehrlich. *Aristoteles*

Das Auge des **Gesetzes** wacht. *Friedrich v. Schiller*

(Anm.: Auch dieses bekannte Sprichwort stammt aus „Die Glocke".)

Wer **gesund** ist und arbeiten will,
hat in der Welt nichts zu fürchten. *Gotthold Ephraim Lessing*

Neun Zehntel unseres Glücks allein
beruhen auf der **Gesundheit.** *Arthur Schopenhauer*

Sei **getreu** bis in den Tod,
so will ich dir die Krone des Lebens geben.

Bibel, Evangelium des Johannes 2,10

Und bist du nicht willig, so brauch' ich **Gewalt**.

Johann Wolfgang v. Goethe

*(Anm.: Dieses Zitat haben heute oft Heimwerker auf den Lippen,
es stammt aus dem „Erlkönig".)*

Ich glaube an die **Gewaltlosigkeit** als einziges Heilmittel.

Mahatma Gandhi

Wer keine üblen **Gewohnheiten** hat,
hat wahrscheinlich auch keine Persönlichkeit.

William Faulkner

Die Welt hat genug für jedermanns Bedürfnisse,
aber nicht für jedermanns **Gier**. *Mahatma Gandhi*

Alle Dinge sind **Gift,** und nichts ist ohne Gift;
allein die Dosis macht, dass ein Ding kein Gift sei.

Paracelsus

Großes wird auf **Gipfeltreffen** nicht bewegt,
aber Schlimmeres verhindert. *Helmut Schmidt*

Songs am Piano schreibt man weg vom Körper,
mit ausgestreckten Armen. Die **Gitarre** dagegen
umarmt man wie eine Frau. So klingen dann auch die
Songs, die ich auf jedem dieser Instrumente schreibe.
Das wurde mir erst vor ein paar Jahren richtig klar.

Paul MacCartney

Der **Glaube** ist nicht der Anfang,
sondern das Ende allen Wissens. *Johann Wolfgang v. Goethe*

Der **Glaube** kann Berge versetzen. *Bibel, 1. Korinther 13,2*

Glauben ist Vertrauen, nicht Wissenwollen. *Hermann Hesse*

Die Menschen **glauben** fest an das,
was sie wünschen. *Cäsar*

Selig sind, die nicht sehen und doch **glauben**.
Bibel, Evangelium des Johannes 20,29

Gleichgültigkeit ist die mildeste Form
der Intoleranz. *Karl Jaspers*

Das **Glück** ist blind. *Cicero*

(Anm.: lat. = „fortuna caeca est".)

Das höchste **Glück** des Lebens besteht in der Überzeugung, geliebt zu werden. *Victor Hugo*

Das **Glück** wohnt nicht im Besitze und nicht im Golde, das Glücksgefühl ist in der Seele zu Hause. *Demokrit*

Das höchste **Glück** des Menschen ist die Befreiung von der Furcht. *Walther Rathenau*

Glück, das ist einfach eine gute Gesundheit und ein schlechtes Gedächtnis. *Ernest Hemingway*

Bedenke, dass die menschlichen Verhältnisse insgesamt unbeständig sind, dann wirst Du im **Glück** nicht zu fröhlich und im Unglück nicht zu traurig sein. *Sokrates*

Das vollkommene **Glück** ist unbekannt;
für den Menschen ist es nicht geschaffen. *Voltaire*

Glück ist die Abwesenheit von Schmerzen.
Chinesisches Sprichwort

Glück besteht aus einem hübschen Bankkonto,
einer guten Köchin und einer tadellosen Verdauung.
Jean-Jacques Rousseau

Glück und Erfolg werden einem nur vergeben,
wenn man großmütig einwilligt, beide zu teilen
Albert Camus

Viele Menschen versäumen das kleine **Glück**,
weil sie auf das große vergeblich warten. *Pearl S. Buck*

Wenn man **glücklich** ist,
soll man nicht noch glücklicher sein wollen.

Theodor Fontane

Glücklich ist, wer vergisst,
was nicht mehr zu ändern ist. *Johann Strauss*

(Anm.: *Aus der Operette „Die Fledermaus".*)

Ohne **Gnade** und Barmherzigkeit. *Bibel, Jeremias 16,5*

Nach **Golde** drängt, am Golde hängt doch alles.

Johann Wolfgang v. Goethe

(Anm.: *„Faust" ist immer wieder ein ergiebiger Quell kluger Sätze.*)

Bei **Gott** ist kein Ding unmöglich. *Bibel, Lukas 1,37*

Als **Gott** den Menschen erschuf, war er bereits müde;
das erklärt manches. *Mark Twain*

Es gibt unzählige Definitionen von **Gott.**
Doch ich bete Gott nur als Wahrheit an. *Mahatma Gandhi*

Gott achtet mich, wenn ich arbeite,
aber er liebt mich, wenn ich singe. *Rabindranath Tagore*

Gott wohnt, wo man ihn einlässt. *Martin Buber*

Man muss **Gott** mehr gehorchen als den Menschen.
Bibel, Apostelgeschichte 5,29

Und **Gott** sah, dass es gut war.

Bibel, 1. Moses 1,1; Schöpfungsgeschichte

Wir wissen, dass denen, die **Gott** lieben,
alle Dinge zum Besten dienen. *Bibel, Römer 8,28*

Wohin du auch gehen magst,
immer begegnest du **Gott**.
Gott ist, was vor dir war. *André Gide*

Von **Gottes** Gnaden. *Bibel, 1. Korinther 3,10*

Auf deinem **Grabstein** wird man lesen:
Das ist fürwahr ein Mensch gewesen.

Johann Wolfgang v. Goethe

(Anm.: Die Grabschrift)

Gregor zeigt dem Bauern an,
dass im Feld er säen kann. *Bauernregel für den 12. März*

Größe heißt: Richtung geben. *Friedrich Nietzsche*

Irdische **Größe** erlischt wie ein Traum.
Aus der Oper „Zar und Zimmermann" von Albert Lortzing

Wer andern eine **Grube** gräbt,
fällt meistens selbst hinein. *Bibel, Sprüche Salomos 26,27*

In der Aufstellung unserer **Grundsätze**
sind wir strenger als in ihrer Befolgung. *Theodor Fontane*

Den besseren **Gründen** müssen gute weichen.

William Shakespeare

(Anm:. Aus „Caesar", einer guten Quelle zeitloser Erkenntnisse.)

Für etwas einen **Grundstein** legen. *Bibel, Jesaja 28,16*

Wem Gott will rechte **Gunst** erweisen,
den schickt er in die weite Welt. *Joseph v. Eichendorff*

Das **Gute** – dieser Satz steht fest,
ist stets das Böse, das man lässt. *Wilhelm Busch*

Es gibt nichts **Gutes,** – außer man tut es! *Erich Kästner*

Gutes kann niemals aus Lüge und Gewalt entstehen.

Mahatma Gandhi

Graue **Haare** sind eine Krone der Ehren.

Bibel, Sprüche Salomos 16,31

Die **Haare** stehen zu Berge. *Bibel, Hiob 4,15*

Manche **Hähne** glauben,
dass die Sonne ihretwegen aufgeht. *Theodor Fontane*

Halb zog sie ihn, halb sank er hin.

Johann Wolfgang v. Goethe

Eine **Hand** wäscht die andere. *Seneca*

(Anm.: lat. = „manus manum lavat".)

Ein Menschenleben, begonnen wie das meinige,
ist zum **Handeln** bestimmt. *Alexander v. Humboldt*

Seine **Hände** in Unschuld waschen. *Bibel, Matthäus 27,24*

(Anm.: Pilatus will durch Waschen seiner Hände seine Unschuld an der Verurteilung Jesu zeigen.)

Jemand auf **Händen** tragen. *Bibel, Psalm 91,12*

Gelobt sei, was **hart** macht. *Friedrich Nietzsche*

(Anm.: Auch „Zarathustra" hat viele prägnante und zeitlose Aussagen.)

Mögen sie **hassen,** wenn sie mich nur fürchten. *Caligula*

(Anm.: Zitiert bei Cicero und Seneca, lat. = „oderint, dum metuant".)

Auf dass mein **Haus** voll werde! *Bibel, Lukas 14,23*

Weh dem, der keine **Heimat** hat! *Friedrich Nietzsche*

Heiraten bedeutet, seine Rechte halbieren
und seine Pflichten verdoppeln. *Arthur Schopenhauer*

Heiterkeit ist der Himmel, unter dem alles gedeiht.
Jean Paul

Der **Herr** ist mein Hirte, mir wird nichts mangeln.
Bibel, Psalm 23,1

Der **Herr** lasse sein Angesicht leuchten über dir
und sei dir gnädig. *Bibel, 4. Moses 6,25*

Ein Mensch sieht, was vor Augen ist,
der **Herr** aber sieht das Herz an. *Bibel, 1. Samuel 16,7*

Danket dem **Herrn**, denn er ist freundlich,
und seine Güte währet ewiglich.
Bibel, 1. Chronik 16,34

Ein **Herz** und eine Seele. *Bibel, Apostelgeschichte 4,32*

Jemandem sein **Herz** ausschütten. *Bibel, 1. Samuel 1,15*

Wes das **Herz** voll geht, des geht der Mund über.

Bibel, Matthäus 12,34

Selig sind, die reinen **Herzens** sind;
denn sie werden Gott schauen. *Bibel, Matthäus 5,8; Bergpredigt*

Im siebten **Himmel** schweben. *Mohammed, Koran 2.12,7*

Wo du **hingehst,** da will auch ich hingehen.

Bibel, Ruth 1,16

(Anm.: „... wo du bleibst, da bleibe ich auch; dein Volk ist mein Volk, und dein Gott ist mein Gott ..." wird häufig auch als Trauspruch benutzt.)

Während die **Hirten** schlafen,
stiehlt man die Wolle den Schafen. *Abraham a Sancta Clara*

Drei Dinge sind bei **Hofe** unentbehrlich:
gesunde Beine, ein geschmeidiger Rücken
und eine glatte Zunge. *August v. Kotzebue*

Die Schmeichler, von denen die **Höfe** wimmeln.
Niccolò Macchiavelli

Die **Hoffnung** ist ein viel größeres Stimulans
des Lebens als irgendein Glück. *Friedrich Nietzsche*

Die **Hoffnungslosigkeit** ist schon
die vorweggenommene Niederlage. *Karl Jaspers*

Höflichkeit ist der Versuch,
Menschenkenntnis durch gute Manieren zu mildern.
Jean Gabin

Höflichkeit ist wie ein Luftkissen, es mag wohl nichts drin sein, aber es mildert die Stöße des Lebens.

Arthur Schopenhauer

Der Weg zur **Hölle** ist mit guten Vorsätzen gepflastert.

Bibel, Jesus Sirach 21,11

Die **Hölle**, das sind die anderen. *Jean-Paul Sartre*

Die **Hölle**, das sind wir selbst. *Thomas S. Eliot*

Wir leben alle unter dem gleichen Himmel,
aber wir haben nicht alle den gleichen **Horizont**.

Konrad Adenauer

Im **Hornung** Schnee und Eis
macht den Sommer lang und heiß.

Bauernregel für den Monat Februar

Enten legen ihre Eier in aller Stille,
Hühner gackern dabei wie verrückt.
Was ist die Folge? Alle Welt isst **Hühnereier.** *Henry Ford*

Humor ist der Knopf, der verhindert,
dass uns der Kragen platzt. *Joachim Ringelnatz*

Humor ist eines der besten Kleidungsstücke,
die man in Gesellschaft tragen kann.

William M. Thackeray

Humor ist, wenn man trotzdem lacht. *Otto Julius Bierbaum*

Hunde haben alle guten Eigenschaften der Menschen,
ohne gleichzeitig ihre Fehler zu besitzen. *Friedrich der Große*

Hundstage hell und klar, deuten auf ein gutes Jahr.
Aber werden Regen sie begleiten,
dann kommen nicht die besten Zeiten.

Bauernregel für den 23. Juli bis 28. August

Raum ist in der kleinsten **Hütte**
für ein glücklich liebend Paar. *Friedrich v. Schiller*

Hier ist gut sein! Hier lasst uns **Hütten** bauen.

Bibel, Matthäus 17,4

Wo **ich** sitze, ist immer oben. *Otto v. Bismarck*

Je weiter ein **Ideal** entfernt ist, desto schöner ist es.

John Galsworthy

Ideale sind wie Sterne: man kann sie nicht erreichen, aber man kann sich nach ihnen orientieren. *Carl Schurz*

Idealismus ist die Fähigkeit, die Menschen so zu sehen, wie sie sein könnten, wenn sie nicht so wären, wie sie sind. *Curt Goetz*

Idealismus ist eine prächtige Toga, welche die Politiker um ihren Willen zur Macht drapieren. *Aldous H. Huxley*

Idealisten sind Menschen, die so tun, als könnte man Ideale verwirklichen. *William Faulkner*

Eine **Idee** muss Wirklichkeit werden können,
oder sie ist eine Seifenblase. *Berthold Auerbach*

Die **Ideen** sind nicht verantwortlich für das,
was die Menschen aus ihnen machen. *Werner Heisenberg*

Ideologen sind Leute, die glauben,
dass die Menschheit besser sei als der Mensch.
Dwight D. Eisenhower

Information ist nicht Wissen,
Wissen ist nicht Weisheit,
Weisheit ist nicht Wahrheit,
Wahrheit ist nicht Schönheit,
Schönheit ist nicht Liebe,
Liebe ist nicht Musik,
Musik ist das Beste. *Frank Zappa*

Der **Igel** ist der Kaktus des Tierreichs. *Ambrose Bierce*

Zuerst **ignorieren** sie dich, dann lachen sie über dich,
dann bekämpfen sie dich und dann gewinnst du.

Mahatma Gandhi

Das Äußere lässt aufs **Innere** schließen.

Walther von der Vogelweide

Dass ich erkenne, was die Welt im **Innersten**
zusammenhält. *Johann Wolfgang v. Goethe*

Alles, was sich zu lange hinschleppt,
ehe es zu etwas nur irgend Sichtbarem wird,
verliert an **Intcresse**. *Wilhelm von Humboldt*

Der Nachteil der **Intelligenz** besteht darin,
dass man ununterbrochen gezwungen ist,
dazuzulernen. *George Bernard Shaw*

Man müsste es dahin bringen,
dass sich alle Menschen des Fanatismus
und der **Intoleranz** schämten. *Friedrich der Große*

Intuition ist der eigenartige Instinkt,
der einer Frau sagt, dass sie recht hat,
gleichgültig, ob das stimmt oder nicht. *Oscar Wilde*

Irren ist menschlich. *Seneca*

(Anm.: lat. = „errare humanum est“.)

Da ich nach und nach mit Instrumenten von verschiedener
Konstruktion arbeitete, so richtete ich meine Wahl auf die,
welche mir zugleich die genaueren und beim Transport
die weniger zerbrechlichen schienen;
ich hatte Gelegenheit, Messungen zu wiederholen,
die nach den strengsten Methoden angelegt waren,
und selbst die Grenze der **Irrtümer** kennenzulernen,
denen ich ausgesetzt sein konnte. *Alexander v. Humboldt*

Sobald man spricht, beginnt man schon zu **irren**.

Johann Wolfgang v. Goethe

Verständige Leute kannst du **irren** sehen,
in Sachen nämlich, die sie nicht verstehen.

Johann Wolfgang v. Goethe

Ach, dass der Mensch so häufig **irrt**
und nie recht weiß, was kommen wird. *Wilhelm Busch*

Es **irrt** der Mensch, solang er strebt.

Johann Wolfgang v. Goethe

Menschen irren, aber nur große Menschen
erkennen ihren **Irrtum**. *August von Kotzebue*

Die **Irrtümer** des Menschen
machen ihn eigentlich liebenswürdig.

Johann Wolfgang v. Goethe

Eine sel'ge Stunde wiegt ein **Jahr** von Schmerzen auf.

Emanuel Geibel

St. **Jakob** nimmt hinweg die Not,
er bringt erste Frucht und frisches Brot.

Bauernregel für den 25. Juli

Wird **Jakobi** klar und rein,
dann wird das Christfest frostig sein.

Bauernregel für den 25. Juli

Ist der **Jänner** hell und weiß, und kommt der Frühling ohne Eis, dann wird der Sommer sicher heiß.

Bauernregel für den Monat Januar

Bis **Johannis** wird gepflanzt,
– ein Datum, das du dir leicht merken kannst.

Bauernregel für den 24. Juni

Ist es **Josefi** am Himmel klar,
dann gibt es ein gutes Honigjahr. *Bauernregel für den 19. März*

Das Dumme an der heutigen **Jugend** ist,
dass man selbst nicht mehr dazugehört. *Salvador Dalí*

Die **Jugend** soll ihre eigenen Wege gehen,
aber ein paar Wegweiser können nicht schaden.

Pearl S. Buck

Die **Jugend** wäre eine schönere Zeit,
wenn sie erst später im Leben käme. *Charlie Chaplin*

Bleibe **jung**, damit du alt werden kannst. *Ida Ehre*

Junggesellen sind Männer,
die lieber suchen als finden. *Caterina Valente*

Junggesellen sind Männer,
die nur halb aufs Ganze gehen. *Tatjana Sais*

Juristen sind Leute, die die Gerechtigkeit mit dem Recht betrügen.

Harold Pinter

Gebt dem **Kaiser**, was des Kaisers ist, und Gott, was Gottes ist.

Bibel, Matthäus 22,21

Der Hauptunterschied zwischen etwas, was möglicherweise kaputtgehen könnte, und etwas, was unmöglich **kaputtgehen** kann, besteht darin, dass sich bei allem, was unmöglich kaputtgehen kann, falls es doch kaputtgeht, normalerweise herausstellt, dass es unmöglich zerlegt oder repariert werden kann.

Douglas Adams

Das Schicksal mischt die **Karten**, und wir spielen.

Arthur Schopenhauer

Im Übrigen bin ich der Meinung,
dass **Karthago** zerstört werden muss.

Cato der Ältere

(Anm.: Cato ließ keine Gelegenheit aus, und war sie noch so unpassend, um seine Forderung ständig zu wiederholen, lat. = „ceterum censeo Carthaginem esse delendam")

Kathrein lässt den Winter ein.

Bauernregel für den 25. November

Der **Kaufmann** hat in der ganzen Welt dieselbe Religion.

Heinrich Heine

Ein jeder **kehre** vor seiner Tür,
und rein ist jedes Stadtquartier.

Johann Wolfgang v. Goethe

(Anm.; Bekannter Spruch, oft zitiert, aus „Bürgerpflicht; 1. Teil".)

Möge dieser **Kelch** an mir vorübergehen!

Bibel, Matthäus 26,39

Kilian, der heilige Mann, stellt die ersten Schnitter an.

Bauernregel für den 8. Juli

Jedes **Kind**, dem ich begegne, erweckt in mir zwei
Gefühle: Zärtlichkeit für das, was es ist –
und Respekt für das, was aus ihm werden könnte.

Louis Pasteur

Das sicherste Mittel, **Kinder** zu verlieren, ist,
sie immer behalten zu wollen. *Adolf Sommerauer*

Kinder, die man nicht liebt,
werden Erwachsene, die nicht lieben. *Pearl S. Buck*

Kinder sind eine Gabe des Herrn,
und Leibesfrucht ist ein Geschenk. *Bibel, Psalm 127,2*

Lasset die **Kinder** zu mir kommen
und wehret ihnen nicht;
denn ihrer ist das Reich Gottes.
Bibel, Markus 10,14; Lukas 18,16; Matthäus 19,14

Wir alle wollen wissen, wer wir sind und woher
wir kommen. Ganz gleich, was wir im Leben erreichen,
ohne diese **Klarheit** bleibt eine Leere in uns,
ein Gefühl der Wurzellosigkeit. *Alex Haley*

Mit Recht erscheint uns das **Klavier,**
wenn's schön poliert, als Zimmerzier.
Ob's außerdem Genuss verschafft,
bleibt hin und wieder zweifelhaft. *Wilhelm Busch*

Zu allen Zeiten haben die **Kleinen**
für die Dummheiten der Großen büßen müssen.

Jean de La Fontaine

Der **kluge** Mann baut vor. *Friedrich v. Schiller*

(Anm.: „Wilhelm Tell" steckt voller zeitloser Sprüche.)

Wo die Liebe kommt ins Haus,
da zieht oft die **Klugheit** aus. *Friedrich v. Logau*

Ich **kam**, ich sah, ich siegte. *Caesar*

*(Anm.: von Plutarch überlieferte Worte zu Schlacht bei Zela 47 v. Chr.;
lat. = „veni, vidi, vici".)*

Die herrschende Klasse in einem
kommunistischen Staat ist sogar noch mächtiger
als die kapitalistische Klasse
in einem demokratischen Staat.

Bertrand Russell

Kommunismus ist nicht Liebe.
Kommunismus ist der Hammer,
mit dem wir den Feind erschlagen.

Mao Tse-Tung

Ein **Kompromiss,** das ist die Kunst,
einen Kuchen so zu teilen, dass jeder meint,
er habe das größte Stück bekommen.

Ludwig Erhard

Ein **Konservativer** ist ein Mensch mit zwei völlig
gesunden Beinen, der nie gehen gelernt hat.

Franklin D. Roosevelt

Konversation ist die Kunst zu reden, ohne zu denken.

Viktor de Kowa

So viele **Köpfe**, so viele Sinne. *Horaz*

(Anm.: Auch schon bei Terenz, Phormio zu lesen; lat. = „quot capita tot sensus".)

Ein Starker weiß mit seiner **Kraft** hauszuhalten,
nur der Schwache will über seine Kraft hinaus wirken.

Georg Christoph Lichtenberg

Kraft macht keinen Lärm, sie ist da und wirkt.

Albert Schweitzer

Reichen die **Kräfte** nicht aus,
so ist doch der Wille zu loben. *Ovid*

*(Anm.: Aus den „Briefen aus Pontus";
lat. = „ut desint vires, tamen est laudanda voluntas".)*

Wo rohe **Kräfte** sinnlos walten,
da kann sich kein Gebild gestalten.

Friedrich v. Schiller

(Anm.: Wieder einmal „Die Glocke" als zeitloser Zitatenquell!)

Krankheit lässt den Wert der Gesundheit
erkennen. *Heraklit*

Es gibt tausend **Krankheiten**,
aber nur eine Gesundheit. *Ludwig Börne*

In dem Augenblick, in dem ein Mensch
den Sinn und den Wert des Lebens bezweifelt,
ist er **krank**.

Sigmund Freud

Krethi und Plethi.

Bibel, 2. Samuel 8,18

(Anm.: Hier geht es um die Ämterverteilung der Leibwache des Königs; Krethi (als Scharfrichter), Plethi (als Läufer). Heute bedeutet dies oft feringschätzig„alle möglichen beliebigen Personen".)

Sein **Kreuz** auf sich nehmen.

Bibel, Matthäus 10,38; 16,24; Markus 8,34; 10,21; Lukas 9,23; 14,27

Der **Krieg** ist ein Winterschlaf der Kultur.

Friedrich Nietzsche

Der **Krieg** zwischen zwei gebildeten Völkern
ist ein Hochverrat an der Zivilisation. *Carmen Sylva*

Jeder **Krieg** ist eine Niederlage
des menschlichen Geistes. *Henry Miller*

Das große Karthago führte drei **Kriege**.
Nach dem ersten war es noch mächtig.
Nach dem zweiten war es noch bewohnbar.
Nach dem dritten war es nicht mehr zu finden.
Bertolt Brecht

Das ist klarste **Kritik** von der Welt:
Wenn neben das, was ihm missfällt,
einer was Eignes, Besseres stellt. *Emanuel Geibel*

Kultur erwirbt man nicht, indem man viel liest,
sondern indem man klug liest.
Ebenso wird die Gesundheit nicht dadurch bewahrt,
dass man viel isst, sondern dass man klug isst.

André Malraux

Endlich steht, dünkt mich, das Menschengeschlecht jetzt auf einer Stufe der **Kultur**, von welcher es sich nur durch Ausbildung der Individuen höher emporschwingen kann; und daher sind alle Einrichtungen, welche diese Ausbildung hindern und die Menschen mehr in Massen zusammendrängen, jetzt schädlicher als ehemals.

Wilhelm v. Humboldt

Kultur ist nur ein dünnes Apfelhäutchen
über einem glühenden Chaos.

Friedrich Nietzsche

Ist **Kunigunde** tränenschwer,
dann bleibt oft die Scheuer leer.

Bauernregel für den 3. März

Ach Gott! Die **Kunst** ist lang,
und kurz ist unser Leben. *Johann Wolfgang v. Goethe*

(Anm.: Dieser Spruch aus „Faust" geht wohl zurück auf Hippokrates, lat. = „ars longa, vita brevis".)

Die **Kunst** ist zwar nicht das Brot,
aber der Wein des Lebens. *Jean Paul*

Ernst ist das Leben, heiter ist die **Kunst**. *Friedrich v. Schiller*

So ließen sich vielleicht aus allen Bauern und Handwerkern **Künstler** bilden, das heißt Menschen, die ihr Gewerbe um ihres Gewerbes willen liebten, durch eigengelenkte Kraft und eigne Erfindsamkeit verbesserten und dadurch ihre intellektuellen Kräfte kultivierten, ihren Charakter veredelten, ihre Genüsse erhöhten.
Wilhelm v. Humboldt

Der **Künstler** fühlt sich stets gekränkt,
wenn's anders kommt, als wie er denkt. *Wilhelm Busch*

Das **Lächeln,** das du aussendest,
kehrt zu dir zurück. *Indische Weisheit*

Lachen ist ein Ausdruck relativer Behaglichkeit.
Wilhelm Busch

Lachen und Lächeln sind Tor und Pforte,
durch die viel Gutes in den Menschen
hineinhuschen kann. *Christian Morgenstern*

Trocken wird das Frühjahr sein,
wenn St. **Lambert** ist klar und rein.
Bauernregel für den 17. September

Eine **Laudatio** ist ein Nachruf bei Lebzeiten.

Carl Zuckmayer

Laurenz muss recht heiß sein,
dann wird der Wein ein guter sein.

Bauernregel für den 10. August

Das **Leben** ist ein Pensum zum Abarbeiten.

Arthur Schopenhauer

Das **Leben** ist eine absurde Angelegenheit,
die durch eine andere Absurdität, den Tod,
beendet wird.

Claude Simon

Das **Leben** ist eine Flamme, die sich selbst verzehrt;
aber sie fängt jedes Mal wieder Feuer,
wenn ein Kind geboren wird.

George Bernard Shaw

Das **Leben** leben kann man nur vorwärts,
das Leben verstehen nur rückwärts. *Sören Kierkegaard*

Es gibt nur drei Formen, um im **Leben** zu bestehen:
stehlen, beten oder etwas leisten. *Honoré Mirabeau*

Leben ist das, was passiert, während du eifrig dabei bist,
andere Pläne zu machen. *John Lennon*

Mit dem **Leben** davonkommen. *Bibel, 2. Makkabäer 3,38*

Weißt du, worin der Spaß des **Lebens** liegt?
Sei lustig. Geht es nicht, so sei vergnügt.
Johann Wolfgang v. Goethe

Lebensklugheit bedeutet:
alle Dinge möglichst wichtig,
aber keines völlig ernst zu nehmen. *Arthur Schnitzler*

Lebenskunst ist die Kunst des richtigen Weglassens.
Coco Chanel

Ihre Zahl ist **Legion**. *Bibel, Markus 5,9*

Gewogen und zu **leicht** befunden. *Bibel, Daniel 5,27*

Lernen, ohne zu denken, ist eitel;
denken, ohne zu lernen, ist gefährlich. *Konfuzius*

Die meisten Menschen sind bereit zu **lernen**,
aber nur die wenigsten, sich belehren zu lassen.

Winston Churchill

Lernen ist wie Rudern gegen den Strom.
Hört man damit auf, treibt man zurück.

Laotse

Nicht für die Schule,
sondern für das Leben **lernen** wir.

Seneca

(*Anm.: lat. = „non scholae sed vitae discimus.“*)

Lesen heißt, mit einem fremden Kopf
statt dem eigenen zu denken.

Arthur Schopenhauer

Schreib den ersten Satz so, dass der **Leser**
unbedingt auch den zweiten lesen will.

William Faulkner

Leserlichkeit ist die Höflichkeit der Handschriften.

Friedrich Dürrenmatt

Jemandem die **Leviten** lesen. *Bibel, 3. Moses (Leviticus)*

Es werde **Licht**, und es ward Licht. *Bibel, 1. Moses 1,3*

(Anm.: lat. = „fiat lux".)

Mir geht ein **Licht** auf! *Bibel, Matthäus 4,16*

Es ist besser, ein einziges kleines **Licht** anzuzünden,
als die Dunkelheit zu verfluchen. *Konfuzius*

Sein **Licht** nicht unter den Scheffel stellen.

Bibel, Matthäus 5,15

(Anm.: Ein Scheffel war ein – oft metallisches – Messgefäß für Getreide. Gemeint ist natürlich, dass man ein Licht auch so stellen soll, dass es Helligkeit verbreitet.)

Wo viel **Licht** ist, ist starker Schatten.

Johann Wolfgang v. Goethe

(Anm.: Auch „Götz von Berlichingen" ist ein guter Quell zeitloser Sprüche.)

Die **Liebe** ist eine leichte Gemütskrankheit,
die durch die Ehe oft schnell geheilt werden kann.

Sasha Guitry

Liebe besteht nicht darin, in den anderen hineinzustarren, sondern darin, gemeinsam nach vorn zu blicken.

Antoine de Saint-Exupéry

Liebe ist ein Boogie-Woogie der Hormone. *Henry Miller*

Liebe ist, wenn sie dir die Krümel
aus dem Bett macht. *Kurt Tucholsky*

Liebe – sagt man schön und richtig –
ist ein Ding, was äußerst wichtig. *Wilhelm Busch*

Und die **Liebe** per Distanz,
kurz gesagt, missfällt mir ganz. *Wilhelm Busch*

Nichts ist schwer für den, der **liebt**. *Cicero*

Gegen Angriffe kann man sich wehren,
gegen **Lob** ist man machtlos. *Sigmund Freud*

Logik ist die Anatomie des Denkens. *John Locke*

Jeder Arbeiter ist seines **Lohnes** wert.
Bibel, Lukas 10,7; 1. Thimotheus 5,18

Wehe, wenn sie **losgelassen!** *Friedrich v. Schiller*

(Anm.: Und noch ein Satz aus „Die Glocke", der es zum Allgemeingut unserer Sprache gebracht hat.)

Suche nicht nach Fehlern, suche nach **Lösungen**.
Henry Ford

Magdalena weint um ihren Herrn,
drum regnet es an ihrem Tage gern.

Bauernregel für den 22. Juli

Es ist ebenso interessant und schwer, etwas gut zu sagen, wie es gut zu **malen** ist. *Vincent van Gogh*

Die **Malerei** ist eine stumme Poesie
und die Poesie eine redende Malerei. *Simonides*

Schnöder **Mammon.** *Bibel, Lukas 16,9*

Manager: der Mann, der genau weiß,
was er nicht kann, und der sich dafür
die richtigen Leute sucht. *Philip Rosenthal*

Ein **Mann** am Steuer gleicht einem Pfau,
der sein Rad in der Hand hält. *Anna Magnani*

Was nicht auf einer einzigen **Manuskriptseite**
zusammengefasst werden kann,
ist weder durchdacht noch entscheidungsreif.

Dwight D. Eisenhower

Hat **Margret** keinen Sonnenschein,
dann kommt das Heu nicht trocken rein.

Bauernregel für den 10. Juni und den 20. Juli

Durch **Mark** und Bein gehen. *Bibel, Hebräer 4,12*

Gibt es an **Markus** Sonnenschein,
dann bekommt man guten Wein.

Bauernregel für den 25. April

Maria Geburt ziehen die Schwalben furt.
Bleiben sie da, ist der Winter nicht nah.

Bauernregel für den 8. September

Maria Himmelfahrt mit Sonnenschein,
bringt später meist auch guten Wein.

Bauernregel für den 15. August

Getrennt **marschieren,** vereint schlagen. *Helmuth v. Moltke*

Bringt St. **Martin** Sonnenschein,
dann tritt ein kalter Winter ein.

Bauernregel für den 11. November

Bringt **Martina** Sonnenschein,
dann hofft man auf viel Korn und Wein.

Bauernregel für den 30. Januar

Die **Masse** ist nicht so blöd, wie sie von den Unterhaltungsmanagern gemacht wird.

Alfred Biolek

Mathematik ist das Alphabet,
mit dessen Hilfe Gott das Universum beschrieben hat.

Galileo Galilei

Seit die **Mathematiker** über die Relativitätstheorie hergefallen sind, verstehe ich sie selbst nicht mehr.

Albert Einstein

Tritt **Matthäus** stürmisch ein,
dann wird es bis Ostern Winter sein.

Bauernregel für den 21. September

Was St. **Medardus** für Wetter hält,
dieses Wetter auch in die Ernte fällt.

Bauernregel für den 8. Juni

Die meisten Menschen bekommen eine **Meinung**,
wie man einen Schnupfen bekommt:
durch Ansteckung.

Axel v. Ambesser

Früh übt sich, was ein **Meister** werden will.

Friedrich v. Schiller

*(Anm.: Das Stück „Wilhelm Tell" hat einige Sprüche parat,
die fester Bestandteil unserer Sprache wurden.)*

Melancholie ist das Vergnügen, traurig zu sein.

Victor Hugo

Wer seine **Memoiren** schreibt,
hat etwas zu verheimlichen. *Kurt Tucholsky*

Der **Mensch** beherrscht die Natur,
bevor er gelernt hat, sich selbst zu beherrschen.
Albert Schweitzer

Der **Mensch** denkt, Gott lenkt. *Bibel, Sprüche Salomos 16,9*

Der **Mensch** ist das einzige Tier, das arbeiten muss.
Immanuel Kant

Der **Mensch** ist das einzige Tier,
das erröten kann – oder muss. *Mark Twain*

Der **Mensch** ist nicht das Produkt seiner Umwelt –
die Umwelt ist das Produkt des Menschen.

Benjamin Disraeli

Der **Mensch** lebt nicht vom Brot allein.

Bibel, 5. Moses 8,3; auch Lukas 4,4; Matthäus 4,4

Es ist nicht gut, dass der **Mensch** allein sei.
Ich will ihm eine Gehilfin machen, die um ihn sei.

Bibel, 1. Moses 2,18

Hier bin ich **Mensch**, hier darf ich's sein.

Johann Wolfgang v. Goethe

(Anm.: Dieser Spruch aus „Faust" wird bis heute gerne von Gästen bei Feiern zitiert.)

Mensch sein heißt verantwortlich sein.

Antoine de Saint-Exupéry

Im Grunde sind es immer die Verbindungen mit **Menschen**, die den Wert des Lebens ausmachen.

Wilhelm v. Humboldt

Wenn ich die **Menschen** gefragt hätte, was sie wollen, hätten sie gesagt: schnellere Pferde. *Henry Ford*

Alle **Menschen** werden Brüder. *Friedrich v. Schiller*

(Anm.: Als „Lied an die Freude" eine Musik von Ludwig van Beethoven.)

Ich kann die Welt nicht verändern, aber einen einzelnen **Menschen**, mich selber. *Karlheinz Böhm*

(Anm.: Karlheinz Böhm engagiert sich bei der Hilfsaktion „Menschen für Menschen".)

Menschen, die keine Laster haben,
haben auch wenige Tugenden. *Abraham Lincoln*

Nehmen Sie die **Menschen**, wie sie sind,
denn andere gibt es nicht. *Konrad Adenauer*

Der Jammer mit der **Menschheit** ist, dass die Klugen feige,
die Tapferen dumm und die Fähigen ungeduldig sind.
Das Ideal wäre der tapfere Kluge mit der nötigen Geduld.
Truman Capote

Nichts **Menschliches** ist mir fremd. *Terenz*

(Anm.: Aus „Der Selbstpeiniger", lat. = „humani nihil a me alienum puto".)

Alt wie **Methusalem.** *Bibel, 1. Moses 5,27*

(Anm.: Methusalem soll 969 Jahre alt geworden sein! Es ist aber fraglich, ob die Zeitrechnung mit unserer heutigen identisch ist oder ein bersetzungsfehler vorliegt.)

Kommt **Michael** heiter und schön,
dann wird es noch vier Wochen so weitergehn.

Bauernregel für den 29. September

Mikrofone sind das einzige, das sich Politiker gerne vorhalten lassen. *Günther Müggenburg*

Ein ehrlicher **Misserfolg** ist keine Schande;
Furcht vor Misserfolg dagegen ist eine Schande.

Henry Ford

Misserfolg ist lediglich eine Gelegenheit,
mit neuen Ansichten noch einmal anzufangen.

Henry Ford

Der goldene **Mittelweg**. *Horaz*

(Anm.: lat. = „aurea mediocritas".)

Die **Mode** ist das wichtigste Mittel
der Textilindustrie gegen die zunehmende
Haltbarkeit der Stoffe. *Emilio Schuberth*

Sobald eine **Mode** allgemein geworden ist,
hat sie sich überholt. *Marie v. Ebner-Eschenbach*

Moral ist ständiger Kampf gegen die Rebellion
der Hormone. *Federico Fellini*

Musik ist die universelle Sprache der Menschheit.

Henry W. Longfellow

Musik wird oft nicht schön empfunden,
weil sie stets mit Geräusch verbunden. *Wilhelm Busch*

Was wäre das Leben,
hätten wir nicht den **Mut**, etwas zu riskieren?

Vincent van Gogh

Mut steht am Anfang des Handelns, Glück am Ende.

Demokrit

Zwischen Hochmut und Demut steht ein drittes,
dem das Leben gehört, und das ist der **Mut**.

Theodor Fontane

Meine **Mutter** hatte ziemlich viel Ärger mit mir,
aber ich glaube, sie hat es genossen. *Mark Twain*

Erst nach dem **Nachbar** schaue,
sodann ein Haus dir baue. *Friedrich Rückert*

Die **nackte** Wahrheit. *Horaz*

(Anm.: lat. = „nuda veritas".)

Es besteht eine konstante Tendenz allen beseelten Lebens, sich so weit zu vermehren, dass die verfügbare **Nahrung** nicht ausreicht. *Charles Darwin*

Gefühl ist alles; **Name** ist Schall und Rauch.

Johann Wolfgang v. Goethe

(Anm.: Einmal mehr liefert „Faust" einen Spruch für unsere alltägliche Sprache)

Nationen, die man unterworfen hat,
muss man entweder glücklich machen oder vernichten.

Niccolò Machiavelli

Alle **Nationalismen** sind Sackgassen.
Sie führen nirgendwohin. *Jose Ortega y Gasset*

Was mir den Hauptantrieb gewährte, war das Bestreben, die Erscheinungen der körperlichen Dinge in ihrem allgemeinen Zusammenhang, die **Natur** als ein durch innere Kräfte bewegtes und belebtes Ganzes aufzufassen.

Alexander v. Humboldt

Wenn man die **Natur** wahrhaft liebt,
so findet man es überall schön. *Vincent van Gogh*

Jeder will zurück zur **Natur**,
aber keiner zu Fuß. *Alois Glück*

Das Buch der **Natur** ist mit mathematischen
Symbolen geschrieben. *Galileo Galilei*

Glücklich leben und **naturgemäß** leben ist eins. *Seneca*

Die selben **Naturkräfte**,
die uns ermöglichen, zu den Sternen zu fliegen,
versetzen uns auch in die Lage,
unseren Stern zu vernichten. *Wernher von Braun*

Die **Natürlichkeit** ist nicht nur das Beste,
sondern auch das Vornehmste. *Theodor Fontane*

Neid ist des Ruhmes Begleiter. *Cornelius Nepos*

Neu – das ist in der Regel nur,
was einer Generation neu vorkommt. *Ludwig Marcuse*

Das Publikum ist so einfältig,
lieber das **Neue** als das Gute zu lesen.

Arthur Schopenhauer

Es ereignet sich nichts **Neues**.
Es sind immer dieselben alten Geschichten,
die von immer neuen Menschen erlebt werden.

William Faulkner

Es geschieht nichts **Neues** unter der Sonne.

Bibel, Salomo 1,9

Etwas **Neues** und bisher Unerhörtes. *Cicero*

(Anm.: lat.: „novum et ante hunc diem non auditum".)

Die **Neugier** steht immer an erster Stelle eines Problems,
das gelöst werden will. *Galileo Galilei*

Ist die **Neujahrsnacht** still und klar,
das deutet auf ein gutes Jahr. *Bauernregel für den 1. Januar*

Wenn es regnet an **St. Nikolaus**,
dann wird der Winter streng und graus.
Bauernregel für den 6. Dezember

Die **Normalität** ist eine gepflasterte Straße;
man kann gut darauf gehen –
doch es wachsen keine Blumen auf ihr. *Vincent van Gogh*

Die **Not** ist die Mutter der Künste,
aber auch die Großmutter der Laster. *Jean Paul*

Ein jeder preist nur, was ihm **nützt**.
Karl Wilhelm Ramler, Die Krähe und die Nachtigall

Wem **nutzt** es? *Cicero*

(*Anm.: lat. = „cui bonum?“*)

Bei einer dummen **Obrigkeit**,
da grüßt man nicht den Mensch, man grüßt das Kleid.
Jean de La Fontaine

Die **öffentliche** Meinung ist die unsichtbare Rüstung
eines Volkes. *Ludwig Börne*

Öffentliche Meinung ist nicht mehr als das,
was Leute glauben, dass andere Leute glauben.

Alfred Austin

Wer **Ohren** hat zu hören, der höre. *Bibel, Matthäus 11,15*

Die **Oper** ist eine Zauberszene, die erfunden wurde,
Auge und Ohr zu schmeicheln –
auf Kosten des Verstandes. *Philip D. Chesterfield*

In der **Oper** muss die Poesie der Musik
gehorsame Tochter sein. *Wolfgang Amadeus Mozart*

Als ich meine Gitarre verbrannt habe,
war das eine **Opfergabe**.
Du opferst die Dinge, die du liebst.
Ich liebe meine Gitarre. *Jimi Hendrix*

Ein **Opportunist** ist ein Jenachdemer. *Wilhelm Busch*

Opportunismus ist die Kunst, mit dem Winde zu segeln,
den andere machen. *Carlo Manzoni*

Opposition ist die Kunst,
den Ast, auf dem die Regierung sitzt, so anzusägen,
dass man selbst darauf Platz nehmen kann.

Carlo Manzoni

Ein **Optimist** ist ein Mensch, der ein Dutzend Austern
bestellt, in der Hoffnung, sie mit der Perle,
die er darin findet, bezahlen zu können. *Theodor Fontane*

Optimist: ein Mensch, der die Dinge
nicht so tragisch nimmt, wie sie sind. *Karl Valentin*

Alle menschlichen Organe werden irgendwann müde,
nur die Zunge nicht. *Konrad Adenauer*

Was wir wissen, ist ein Tropfen;
was wir nicht wissen, ein **Ozean**. *Isaac Newton*

Pankratius, Servatius und Bonifatius,
die machen dem Gärtner viel Verdruss.
Bauernregel für den 12., 13. und 14. Mai

Bei der Eroberung des Weltraums sind zwei Probleme
zu lösen: die Schwerkraft und der **Papierkrieg**.
Mit der Schwerkraft wären wir fertig geworden.
Wernher von Braun

Daran erkenn' ich meine **Pappenheimer.**

Friedrich v. Schiller

(Anm.: Aus „Wallensteins Tod", die Rede Wallensteins an das Pappenheimer Regiment. Dieser Spruch hat nichts mit Pappe zu tun!)

Jede **Partei** ist für das Volk da und nicht für sich selbst.

Konrad Adenauer

Schwer ist es, aus dem Geschrei der **Parteien**
die Stimme der Wahrheit zu unterscheiden.

Friedrich v. Schiller

Es kann **passieren,** was will:
es gibt immer einen, der es kommen sah. *Sonja Ziemann*

Patriotismus ist die Bereitschaft, wegen unbedeutender
Gründe zu töten und getötet zu werden. *Bertrand Russell*

Ist es schön an **Pauli** Bekehrung,
das bringt allen Früchten Bescherung.

Bauernregel für den 25. Januar

Aus dem Saulus wird ein **Paulus.** *Bibel, Apostelgeschichte 9,24*

(Anm.: Der ungläubige Saulus wurd zum Christen Paulus.)

Perlen vor die Säue werfen. *Bibel, Matthäus 7,6*

(Anm.: Eigentlich heißt es dort „Ihr sollt das Heilige nicht den Hunden geben, und eure Perlen sollt ihr nicht vor die Säue werfen.")

Persönlichkeiten werden nicht durch schöne Reden geformt, sondern durch Arbeit und eigene Leistung.

Albert Einstein

Ich bin **Pessimist** für die Gegenwart,
aber Optimist für die Zukunft. *Wilhelm Busch*

Regnet es an **Peter** und Paul,
dann wird des Winzers Ernte faul.

Bauernregel für den 29. Juni

Unsere **Pflichten** – das sind die Rechte anderer auf uns.

Friedrich Nietzsche

Phantasie ist wichtiger als Wissen, denn Wissen ist begrenzt.

Albert Einstein

Hättest du geschwiegen, so wärest du **Philosoph** geblieben!

Boethius

(*Anm: lat. = „Si tacuisses philosophus mansisses!“*)

Die **Philosophen** haben die Welt nur verschieden interpretiert; es kommt darauf an, sie zu verändern.

Karl Marx

Die **Politik** ist eine Bühne, auf der die Souffleure manchmal lauter sprechen als die Darsteller.

Ignazio Silone

In der **Politik** besteht die Klugheit nicht darin, auf Fragen zu antworten.
Die Kunst besteht darin, sich keine Fragen stellen zu lassen.

André Suares

In der **Politik** handelt es sich gar nicht darum, recht zu haben, sondern recht zu behalten.

Konrad Adenauer

Nicht **Politik** ist unser Schicksal, sondern die Wirtschaft.

Walther Rathenau

Politik ist die Kunst, sich der Leute zu bedienen.

Henry de Montherlant

Politik ist unblutiger Krieg, und Krieg ist blutige Politik.

Mao Tse-tung

Politik kann nie Kultur, Kultur aber Politik bestimmen.

Theodor Heuss

Bei **Politikern**, die nicht lachen können,
bei denen hat das Volk nichts zu lachen. *Norbert Blüm*

(Anm.: Der frühere Minister hat 1985 den „Orden wider den tierischen Ernst" verliehen bekommen.)

Von **Pontius** zu Pilatus laufen. *Bibel, Lukas 23,11*

(Anm.: Sprichwort, wenn man unnütz durhc die gegend geschickt wird. Richtig heißt es aber wohl „von Herodes zu Pontius Pilatus".)

Ein **Prediger** in der Wüste *Bibel, Jesaja 40,3*

Eine freie **Presse** kann gut oder schlecht sein,
aber eine Presse ohne Freiheit ist immer schlecht.

Albert Camus

Ist mir aber was nicht lieb, weg damit ist mein **Prinzip**.

Wilhelm Busch

Es ist nicht der Unternehmer, der die Löhne zahlt –
er übergibt nur das Geld.
Es ist das **Produkt**, das die Löhne zahlt. *Henry Ford*

Prominent ist, wer zuerst ins Gespräch kommt
und dann ins Gerede. *Axel v. Ambesser*

Ein **Prominenter** ist ein Mann,
der es sich leisten kann, sich nichts zu leisten.

Liselotte Pulver

Der **Prophet** gilt nichts in seinem Vaterlande.

Bibel, Matthäus 13,47

Protest ist manchem ein willkommener Ersatz
für das Denken.

Peter Horton

Wer interessieren will, muss **provozieren**.

Salvador Dalí

Ein **Psychotherapeut** ist ein Mann,
der dem Vogel, den andere haben,
das Sprechen beibringt.

Wolfgang Gruner

Pünktlichkeit ist die Höflichkeit der Könige.

Ludwig XVIII. von Frankreich

Gedenke der **Quelle**, wenn du trinkst.

Chinesisches Sprichwort

Die **Rache** ist eine Lust, die währt wohl einen Tag;
die Großmut ein Gefühl, das ewig dich freuen mag.

Friedrich Rückert

Das Wasser haftet nicht an den Bergen,
die **Rache** nicht an einem großen Herzen.

Chinesisches Sprichwort

Denn es kommt der Tag der **Rache** des Herrn.

Bibel, Jesaja 34,8

Nichts entehrt den Menschen so sehr
als die unedle **Rache**. *Abraham a Sancta Clara*

Der **Radikalist** ist einer, der mit beiden Beinen
fest in die Luft gepflanzt ist. *Franklin D. Roosevelt*

Mit **Rat** und Tat. *Bibel, Sprüche Salomos 8,14*

Ein ewig **Rätsel** will ich bleiben, mir und den anderen.
König Ludwig II. von Bayern

Räuber von Geld richtet man hin,
Räuber von Ländern macht man zu Königen.
Japanisches Sprichwort

Unter die **Räuber** fallen. *Bibel, Lukas 10,30*

Rauchen Sie weniger, aber besser und länger;
machen Sie einen Kult daraus. *Zino Davidoff*

Ein leidenschaftlicher **Raucher**, der immer
von der Gefahr des Rauchens für die Gesundheit liest,
hört in den meisten Fällen auf – zu lesen.

Winston Churchill

Das höchste **Recht** ist das höchste Unrecht. *Cicero*

(Anm.: lat. = „summum ius, summa iniuria".)

Das **Recht** beugen. *Bibel, 2. Moses 23,6*

Recht ist der Schutz des Menschen
vor dem Menschen um Gottes Willen. *Franz Werfel*

Recht ist, was der proletarischen Klasse nützt.
Wladimir Iljitsch Lenin

Das Fundament des **Rechts** ist die Humanität.
Albert Schweitzer

Die **Rede** ist die Kunst, Glauben zu erwecken. *Aristoteles*

Reden lernt man durch reden. *Cicero*

Von schönen **Reden** werde ich nicht satt.
Molière

Mit **Rednern** ist es häufig wie mit dem Sekt:
Die größten Flaschen sind auch die lautesten. *Werner Finck*

Ein unterrichtetes Volk lässt sich leicht **regieren**.
Friedrich der Große

Regieren, das ist die Kunst, Probleme zu schaffen,
mit deren Lösung man das Volk in Atem hält. *Ezra Pound*

Jedes Volk hat die **Regierung**, die es verdient.
Joseph-Marie de Maistre

Reich ist man nicht durch das, was man besitzt,
sondern mehr noch durch das,
was man mit Würde zu entbehren weiß. *Epikur*

Wirklich **reich** ist ein Mensch nur dann,
wenn er das Herz eines geliebten Menschen besitzt.

Greta Garbo

Reich wird man erst durch Dinge, die man nicht begehrt.

Mahatma Gandhi

Reich ist man erst dann, wenn man sich in seiner
Bilanz um einige Millionen Dollar irren kann,
ohne dass es auffällt. *Jean Paul Getty*

Der **Reichtum** gleicht dem Seewasser:
je mehr man davon trinkt, desto durstiger wird man.

Arthur Schopenhauer

Mit dem **Reichtum** fertigzuwerden, ist auch ein Problem.

Ludwig Erhard

Ich hatte seit meiner ersten Jugend den glühenden Wunsch nach einer **Reise** in entfernte und von den Europäern wenig besuchte Länder. *Alexander v. Humboldt*

Wenn jemand eine **Reise** tut, so kann er was erzählen.
Matthias Claudius

(Anm.: Ein Spruch aus dem Werk „Urians Reise", sehr lesenswert.)

Reisen heißt, an ein Ziel kommen;
wandern heißt, unterwegs sein. *Theodor Heuss*

Wenn man zwei Stunden lang mit einem Mädchen zusammensitzt, meint man, es wäre eine Minute.
Sitzt man jedoch eine Minute auf einem heißen Ofen, meint man, es wären zwei Stunden.
Das ist **Relativität**. *Albert Einstein*

Der Zweck der wahren **Religion** soll sein, die Grundsätze der Sittlichkeit tief in die Seele einzudrücken.

Gottfried Wilhelm Leibniz

Die **Religion** beruht auf dem wesentlichen Unterschiede der Menschen vom Tiere; die Tiere haben keine Religion.

Ludwig Feuerbach

Die **Religion** ist die Wurzel des menschlichen Daseins.

August Wilhelm Schlegel

Religion ist Ehrfurcht – die Ehrfurcht zuerst vor dem Geheimnis, das der Mensch ist.

Thomas Mann

Es ist wertvoller, stets den **Respekt** der Menschen als gelegentlich ihre Bewunderung zu haben.

Jean-Jacques Rousseau

Was ist **Reue**?
Eine große Trauer darüber, dass wir sind, was wir sind.

Marie v. Ebner-Eschenbach

Die **Revolution** ist die erfolgreiche Anstrengung,
eine schlechte Regierung loszuwerden
und eine schlechtere zu errichten. *Oscar Wilde*

Nicht die Religion, die **Revolution** ist Opium für das Volk.

Simone Weil

Rhabarber und Geduld wirken vortrefflich.

Friedrich der Große

Ein liebend Auge ist ein milder **Richter**. *Theodor Fontane*

Wer hat dich zum Obersten oder **Richter** über uns gesetzt? *Bibel, 2. Moses 2,14*

Der **Riese** Goliath. *Bibel, 1. Samuel 17*

(Anm.: Die berühmte Geschichte vom Kampf des kleinen David gegen den großen Goliath, – den David mit List gewann.)

Wenn man einen **Riesen** sieht, so untersuche man erst den Stand der Sonne und gebe Acht, ob es nicht der Schatten eines Pygmäen ist. *Novalis*

Risiko ist die Bugwelle des Erfolgs. *Carl Amery*

Schwanken wie ein **Rohr** im Winde. *Bibel, Lukas 7,24*

Lieber der Erste hier als in **Rom** der Zweite. *Caesar*

Über **Rosen** lässt sich dichten,
in die Äpfel muss man beißen. *Johann Wolfgang v. Goethe*

Rotwein ist für alte Knaben eine von den besten Gaben.
Wilhelm Busch

Ein guter **Ruf** ist köstlicher als großer Reichtum.
Bibel, Sprüche Salomos 22,1

Der **Ruhm** ist Schatten nur der Tat,
und steht kein Ding im Sonnenschein,
sieht man gewiss den Schatten nicht. *Friedrich Hebbel*

Der Weg zum **Ruhm** ist nicht bestreut mit Blumen.

Jean de La Fontaine

Der Weg zum **Ruhme** ist überall mit Dornen bestreut.

Karl Julius Weber

Ist an **Ruprecht** der Himmel rein,
dann wird er es auch im Juli sein.

Bauernregel für den 27. März

Nur die **Sache** ist verloren, die man aufgibt.

Ernst v. Feuchtersleben

Was der Mensch **sät**, das wird er ernten. *Bibel, Galater 6,7*

Ich missbillige alles, was Sie **sagen**;
aber bis zu meinem Tod werde ich dafür kämpfen,
dass Sie es sagen dürfen! *Voltaire*

Erwirbt ein Erdensohn sich Lob und Preis,
gleich bildet sich um ihn ein **Sagenkreis.**
Conrad Ferdinand Meyer

Ein **salomonisches** Urteil fällen. *Bibel, 1. Könige 3,16–28*

(Anm.: Salomos Urteil im Streit um ein Kind zwischen zwei Frauen gilt als besonders weise.)

Zur **Salzsäule** erstarren. *Bibel, 1. Moses 19,26*

Ein barmherziger **Samariter** sein. *Bibel, Lukas 10,30–37*

Durch **Sanftmut** besiege man den Zornigen,
durch Güte den Bösen, durch Spenden den Geizhals,
durch Wahrheit den Lügner. *Persische Weisheit*

Der **Satiriker** ist ein gekränkter Idealist. *Kurt Tucholsky*

Eins-zwei-drei! Im **Sauseschritt** läuft die Zeit;
wir laufen mit. *Wilhelm Busch*

Zusammen mit der Moral eines Volkes
geht auch sein **Schaffensdrang** verloren. *Thomas Jefferson*

Die **Schauspieler** sind der Spiegel
und die abgekürzte Chronik des Zeitalters.
William Shakespeare

Schauspieler zu sein, das ist eine Form von Mehrere-Leben-haben. *Maria Schell*

Der **Schein** regiert die Welt. *Friedrich v. Schiller*

(Anm.: Mit dem Werk „Der Parasit" hat Schiller einmal mehr ein zeitloses Stück geschaffen.)

Meidet allen bösen **Schein**! *Bibel, 1. Thessalonicher 5,22*

Vom **Scheitel** bis zur Sohle. *Bibel, 5. Moses 28,25*

Ein **Schelm,** der Böses dabei denkt.

Unbekannter Herkunft

(Anm.: Das ist das Motto des 1350 gestifteten englischen Hosenbandordens. franz. = „honi soit qui mal y pense".)

Schenken ist ein Brückenschlag
über den Abgrund deiner Einsamkeit.

Antoine de Saint-Exupéry

Das **Schicksal** des Menschen ist der Mensch. *Bertolt Brecht*

Die meisten Menschen machen sich selbst
bloß durch übertriebene Forderungen
an das **Schicksal** unzufrieden. *Wilhelm von Humboldt*

Dunkel sind die Wege, die das **Schicksal** geht. *Euripides*

Das **Schicksal** nimmt nichts, was es nicht gegeben hat.

Sophokles

Der **Schlaf** ist das Bild des Todes. *Cicero*

Der **Schlaf** ist ein Hineinkriechen
des Menschen in sich selbst. *Friedrich Hebbel*

Der **Schlaf** ist für den ganzen Menschen,
was das Aufziehen für die Uhr. *Arthur Schopenhauer*

Schlafen ist eine Form von Kritik,
vor allem im Theater. *George Bernard Shaw*

Schlager sind Texte, die gesungen werden müssen,
weil sie zu dumm sind, um gesprochen zu werden.
Gisela Uhlen

Schlagfertigkeit ist etwas,
worauf du erst vierundzwanzig Stunden später kommst.

Mark Twain

Wer mir **schmeichelt,** ist mein Feind;
wer mich tadelt, ist mein Lehrer. *Chinesische Weisheit*

Ein **Schmeichler** ist ein Freund, der dir unterlegen ist
oder vorgibt, es zu sein. *Aristoteles*

Kommt dir ein **Schmerz**, so halte still, und frage,
was er von dir will. *Emanuel Geibel*

Mache nicht unerträglich den **Schmerz**
durch ewige Klagen! *Sophokles*

Gehabte **Schmerzen,** die hab' ich gerne. *Wilhelm Busch*

Der Mensch kommt immer **schneller** dort an,
wo er immer kürzer bleibt. *Unbekannter Herkunft*

Ohne **Schnurrbart** ist ein Mann
nicht richtig angezogen. *Salvador Dalí*

Schön ist eigentlich alles,
was man mit Liebe betrachtet. *Christian Morgenstern*

Schönheit ist eines der seltenen Wunder,
die unsere Zweifel an Gott verstummen lassen.
Jean Anouilh

Schönheit ohne Anmut
gleicht einer Rose ohne Duft.
Wolfgang Joop

Schönheit ohne Anmut
ist ein Angelhaken ohne Köder.
Ninon De Lenclos

Wahre Menschlichkeit ist köstlicher
als alle **Schönheit** der Erde.
Johann Heinrich Pestalozzi

Die echten **Schriftsteller**
sind die Gewissensbisse der Menschheit.
Ludwig Feuerbach

Dies ist nur ein kleiner **Schritt** für einen Menschen,
aber ein Riesensprung für die Menschheit.
Neil Armstrong

(Anm.: Der Astronaut betrat am 20. 7. 1969 als erster Mensch den Mond; engl. = „that's one small step for a man, one giant leap for mankind".)

Wir sind nicht auf dieser Welt,
um glücklich zu sein und zu genießen,
sondern um unsere **Schuldigkeit** zu tun. *Otto v. Bismarck*

Es gibt mehr Dinge zwischen Himmel und Erde,
als eure **Schulweisheit** sich träumen lässt.

William Shakespeare

(Anm.: In „Hamlet" heißt es im engl. Original: „there are more things in heaven and earth, Horatio, than are dreamt of in your phantasy".)

Wie **Schuppen** von den Augen fallen.

Bibel, Apostelgeschichte 9,18

Schweigen ist die unerträglichste Erwiderung.

Gilbert Keith Chesterton

Das **Schwein** ist das Nonplusultra des Glücks.

Friedrich Hebbel

Das ist ein zweischneidiges **Schwert**.

Bibel, Sprüche Salomos 5,4

Wer das **Schwert** nimmt, der soll durchs Schwert umkommen. *Bibel, Matthäus 26,52*

Der sittliche Mensch liebt seine **Seele**,
der gewöhnliche sein Eigentum. *Konfuzius*

Es ist unglaublich, wie viel Kraft die **Seele**
dem Körper zu leihen vermag. *Wilhelm von Humboldt*

Zwei **Seelen** wohnen, ach, in meiner Brust.

Johann Wolfgang v. Goethe

(Anm.: Ein weiterer Satz aus „Faust“, der als zeitlose Redewendung zur deutschen Sprache gehört.)

Mehr **sein** als scheinen. *Cato der Ältere*

(Anm.: lat. = „esse plus quam videri“.)

Sein oder Nichtsein, das ist hier die Frage.

William Shakespeare

(Anm.: Sicher einer der berühmtesten Sprüche aus Shakespeares Feder stammt aus „Hamlet“; engl.: „to be or not to be that is the question“.)

Jedem das **Seine.** *Cicero*

(Anm.: Auch bekannt als Wahlspruch des preußischen Schwarzen-Adler-Ordens; lat.: „suum cuique“.)

Sentimentalität nennen wir das Gefühl,
das wir nicht teilen.

Graham Greene

Simon und Juda, die zwei,
führen oft den Schnee herbei.

Bauernregel für den 28. Oktober

Sinn des Lebens: etwas, das keiner genau weiß.
Jedenfalls hat es wenig **Sinn**,
der reichste Mann auf dem Friedhof zu sein.

Peter Ustinov

Skepsis ist der erste Schritt auf dem Wege zur Philosophie.

Denis Diderot

Ich bin es müde, über **Sklaven** zu herrschen.

Friedrich der Große

Ohne Zweifel ist die **Sklaverei** das größte aller Übel, welche die Menschheit gepeinigt haben.

Alexander v. Humboldt

Eine **Skulptur** muss immer voller Leben sein, das ist mein Ziel.

Henry Moore

Der verlorene **Sohn**.

Bibel, Lukas 15,11–32

Geh mir aus der **Sonne**!

Diogenes

(Anm.: Das sagte – der Überlieferung nach – Diogenes zu Alexander dem Großen als Antwort auf die Frage, was Diogenes sich von ihm wünsche.)

Der **Sozialismus** ist die zu Ende gedachte Herdentiermoral.

Friedrich Nietzsche

Dem Kapitalismus wohnt ein Laster inne:
die ungleichmäßige Verteilung der Güter;
dem **Sozialismus** hingegen wohnt eine Tugend inne:
die gleichmäßige Verteilung des Elends. *Winston Churchill*

Sparmaßnahmen muss man dann ergreifen,
wenn man viel Geld verdient.
Sobald man in den roten Zahlen ist, ist es zu spät.

Jean Paul Getty

Die Menschen verstehen nicht, welch große
Einnahmequelle in der **Sparsamkeit** liegt.

Cicero

Ohne **Spekulation** gibt es keine neue Beobachtung.

Charles Darwin

Spezialisten sind Leute,
die nur eine Saite auf der Fiedel haben. *Henry Miller*

Den **Splitter** im Auge des anderen sehen,
aber nicht den Balken im eigenen. *Bibel, Matthäus 7,4–5*

(Anm.: Dieser ungewöhnliche biblische Vergleich meint, dass man bei anderen Leuten eher kleine Fehler sieht als bei sich selbst die großen.)

Der große **Sport** fängt da an,
wo er längst aufgehört hat, gesund zu sein. *Bertolt Brecht*

Viele **Spötter** meinen, reich an Geist zu sein,
und sind in Wahrheit nur arm an Takt.

Georg Christoph Lichtenberg

Die **Sprache** ist die Kleidung der Gedanken.

Samuel Johnson

Der Geist einer **Sprache** offenbart sich am deutlichsten in ihren unübersetzbaren Worten.

Marie v. Ebner-Eschenbach

Die **Sprache** ist die Quelle der Missverständnisse.

Antoine de Saint-Exupéry

Die **Spreu** vom Weizen trennen. *Bibel, Matthäus 3,12*

Ein **Sprichwort** ist ein kurzer Satz,
der sich auf lange Erfahrung gründet. *Miguel De Cervantes*

Sprichwörter sind der Spiegel der Denkart
einer Nation. *Johann Gottfried Herder*

Der **Staat** ist eine Notordnung gegen das Chaos.

Gustav Heinemann

Ein **Staatsmann** ist ein Politiker,
der ein Ziel im Auge behält, ohne zu schießen.

Gustav Stresemann

Die Schwärmerei für die Natur
kommt von der Unbewohnbarkeit der **Städte**.

Bertolt Brecht

Ich stehe **Statistiken** etwas skeptisch gegenüber.
Denn laut Statistik haben ein Millionär
und ein armer Kerl jeder eine halbe Million.

Franklin D. Roosevelt

Staunen ist der erste Grund der Philosophie. *Aristoteles*

Ein **Stein** des Anstoßes sein. *Bibel, Jesaja 8,14; Petrus 2,8*

Steter Tropfen höhlt den **Stein.** *Ovid*

(Anm.: In den „Briefen aus Pontus" heißt es im Original lat.: „gutta cavat lapidem non vi sed saepe cadendo".)

Wie der **Sternenhimmel** bin ich still und bewegt.

Friedrich Hölderlin

Nimm dich vor der Heuchelei der **stillen** Leute in Acht!
Am tiefsten ist der Fluss, der keine Geräusche macht.

Martin Opitz

Die größte Offenbarung ist die **Stille**. *Laotse*

Stress ist der Bazillus, der von Unsicheren in leitender Stellung auf die Mitarbeiter übertragen wird.

Oliver Hassencamp

Gegen den **Strom** schwimmen. *Bibel, Jesus Sirach 4,31*

Man muss gegen den **Strom** schwimmen,
um an die Quelle zu kommen. *Chinesische Weisheit*

Wer unter euch ohne **Sünde** ist,
der werfe den ersten Stein. *Bibel, Evangelium des Johannes 8,7*

Wir erschrecken über unsere eigenen **Sünden**,
wenn wir sie an anderen erblicken.

Johann Wolfgang v. Goethe

Gott sei mir **Sünder** gnädig! *Bibel, Lukas 18,13*

Jeder Tag, an dem du nicht lächelst, ist ein verlorener **Tag**.
Charlie Chaplin

Der **Tag** ist eine Miniaturewigkeit.
Ralph Waldo Emerson

Takt ist das Wissen, wie weit man zu weit gehen darf.
Jean Cocteau

Takt ist die Fähigkeit, andere so darzustellen,
wie sie sich selbst gern sehen. *Abraham Lincoln*

Takt ist die Fähigkeit, einem anderen auf die Beine zu helfen, ohne ihm auf die Zehen zu treten. *Curt Goetz*

Taktlosigkeit ist der Entschluss, etwas zu sagen, das alle denken. *Oscar Wilde*

Das **Talent** arbeitet, das Genie schafft. *Robert Schumann*

Mit **Taten** sei ein Leben gefüllt, nicht mit untätigen Jahren. *Ovid*

Tatsachen schafft man nicht dadurch aus der Welt, dass man sie ignoriert. *Aldous Huxley*

Der Glaube an die allein selig machende **Technik** müsste unterdrückt, das Streben nach Wahrhaftigkeit gefördert werden.

Arnold Schönberg

Die **Theorie** sollte nicht vergessen,
dass sie nichts weiter ist als angewandte Praxis.

Gabriel Laub

Die **Theorie** träumt, die Praxis belehrt. *Karl v. Holtei*

Ein **Thron** ist nur ein mit Samt garniertes Brett.

Napoleon I.

Auch auf **Thronen** kennt man häusliches Glück.

Königin Luise von Preußen

Der Mensch ist ein geselliges **Tier.** *Aristoteles*

Die **Tiere** empfinden wie der Mensch
Freude und Schmerz, Glück und Unglück.

Charles Darwin

Der **Tod** ist der Preis des Lebens. *Jean Giraudoux*

Der **Tod** ist kein Schnitter, der Mittagsruhe hält.

Miguel de Cervantes

Ein ewig Rätsel ist das Leben,
und ein Geheimnis bleibt der **Tod**. *Emanuel Geibel*

Toleranz ist ein anderes Wort für Gleichgültigkeit.

William Somerset Maugham

Toleranz ist gut, aber nicht gegenüber den Intoleranten.

Wilhelm Busch

Da steh' ich nun, ich armer **Tor**,
und bin so klug als wie zuvor. *Johann Wolfgang v. Goethe*

(Anm.: Natürlich aus „Faust“, – und ein weiterer Beleg dafür, wie sehr Goethe mit seiner Dichtung unsere Sprache beeinflusst hat.)

Ein **Tor** findet allemal noch einen größeren Toren,
der seinen Wert zu schätzen weiß.

Christian Fürchtegott Gellert

Ein **Tor** ist immer willig, wenn eine Törin will.

Heinrich Heine

Unter allen **Torheiten**, die ein Mädchen begeht, ist immer ihre erste Liebe eine der größten.

August v. Kotzebue

Nur der ist wirklich **tot,** der keinen guten Namen hinterlässt.

Persische Weisheit

Über die **Toten** rede man nur Gutes.

Unbekannter Herkunft

(Anm.: Lat. = „de mortuis nil nisi bene")

Tradition ist gesiebte Vernunft des gesamten Volkes aus einem Jahrhundert in das andere.

Ricarda Huch

Auf unserer Welt gibt es überhaupt nur zwei Arten von **Tragödien.** Dass man das, was man haben möchte, nicht bekommt, oder dass man es bekommt.

Oscar Wilde

Ein **Trainer** ist ein Mensch, der sein Brot im Schweiß des Angesichts anderer Menschen verdient. *Martin Lauer*

Der **Traum** ist der Wächter des Schlafes, nicht sein Störer. *Sigmund Freud*

Ein **Traum**, ein Traum ist unser Leben auf Erden hier. *Johann Gottfried Herder*

Meines Lebens schönster **Traum**
hängt an diesem Apfelbaum. *Wilhelm Busch*

(Anm.: Dieser Satz stammt aus „Max und Moritz". Oft sind es die einfachen Dinge, die Freude bereiten!)

Die **Tränen** lassen nichts gewinnen,
wer schaffen will, muss fröhlich sein. *Theodor Fontane*

Es ist ein großer **Trost**, andere dort scheitern zu sehen,
wo man selbst gescheitert ist. *William Somerset Maugham*

Der **Trotz** ist die einzige Stärke der Schwachen –
und eine Schwäche mehr. *Arthur Schnitzler*

Ach, der **Tugend** schöne Werke,
gerne möcht' ich sie erwischen.
Doch ich merke, doch ich merke,
immer kommt mir was dazwischen. *Wilhelm Busch*

Die **Tugend** besteht nicht in dem Verzicht
auf das Laster, sondern darin, dass man es nicht begehrt.
George Bernard Shaw

Die **Tugend** ist eine Eigenschaft,
die nie so angesehen war wie das Geld. *Mark Twain*

Tugend ist die Summe der Dinge, die wir aus Trägheit, Feigheit oder Dummheit nicht getan haben. *Henry Miller*

Wenn sich ein Laster genügend verbreitet hat, wird eine **Tugend** daraus. *Frank Sinatra*

Zur **Tugend**, wie man zu sagen pflegt,
ist eigentlich keiner recht aufgelegt. *Wilhelm Busch*

Die zwei größten **Tyrannen** der Erde: der Zufall und die Zeit. *Johann Gottfried Herder*

All unser **Übel** kommt daher, dass wir nicht allein sein können. *Arthur Schopenhauer*

Kein altes **Übel** ist so groß, dass es nicht von einem neuen übertroffen werden könnte.

Wilhelm Busch

Die **Übertreibung** ist lediglich ein bestätigendes Detail, das einer sonst schmucklosen und wenig überzeugenden Schilderung Ansehen verleihen soll.

Williams Gilbert

Überzeugungen sind oft die gefährlichsten Feinde der Wahrheit.

Friedrich Nietzsche

Es werden mehr Menschen durch **Übung** tüchtig als durch ihre ursprüngliche Anlage.

Demokrit

Ohne **Übung** und Erfahrung lernt man nichts.

Martin Luther

Was mich nicht **umbringt,** das macht mich stark.

Friedrich Nietzsche

Dreimal **umgezogen** ist so gut wie einmal abgebrannt.

Benjamin Franklin

Machen Sie sich erst einmal **unbeliebt**, dann werden Sie auch ernst genommen. *Konrad Adenauer*

Das **Unbewusste** ist viel moralischer, als das Bewusste wahrhaben will. *Sigmund Freud*

Wie schnell der Dank der Menschen doch verweht und **Undank** wird. *Sophokles*

Die **Undankbarkeit** ist eine Tochter des Stolzes.

Miguel de Cervantes

Es ist merkwürdig, wie fern ein **Unglück** ist,
wenn es uns nicht betrifft. *John Steinbeck*

Es gibt eine Theorie, die besagt, wenn jemals irgendwer genau herausfindet, wozu das **Universum** da ist und warum es da ist, dann verschwindet es auf der Stelle und wird durch noch etwas Bizarreres und Unbegreiflicheres ersetzt. – Es gibt eine andere Theorie, nach der das schon passiert ist. *Douglas Adams*

Zwei Dinge sind unendlich,
das **Universum** und die menschliche Dummheit,
aber bei dem Universum bin ich mir noch nicht
ganz sicher. *Albert Einstein*

Unkraut ist die Opposition der Natur
gegen die Regierung der Gärtner. *Oskar Kokoschka*

Unkraut ist eine Pflanze, deren Tugenden
noch nicht entdeckt wurden. *Ralph Waldo Emerson*

Als **unmodern** zu gelten, ist schon der halbe Tod.
Anna Magnani

Damit das Mögliche entsteht, muss immer wieder
das **Unmögliche** versucht werden. *Hermann Hesse*

Unrecht Gut gedeihet nicht. *Bibel, Sprüche Salomos 10,2*

Den Namen des Rechtes würde man nicht kennen,
wenn es das **Unrecht** nicht gäbe. *Heraklit*

Unsterblichkeit heißt:
ein Mensch stirbt und seine Worte leben.
Chinesische Weisheit

Die **Unwissenheit** ist eine Situation,
die den Menschen ebenso hermetisch abschließt
wie ein Gefängnis. *Simone de Beauvoir*

Unwissenheit ist die Nacht des Geistes,
eine Nacht ohne Mond und Sterne. *Konfuzius*

Den Fortschritt verdanken die Menschen
den **Unzufriedenen.** *Aldous Huxley*

Unzufriedenheit ist der erste Schritt
in der Entwicklung von Menschen und Völkern.

Oscar Wilde

Der **Ursprung** aller Dinge ist klein. *Cicero*

Vater, vergib ihnen, denn sie wissen nicht, was sie tun.

Bibel, Lukas 23,34

Die meisten Menschen wären empört, würde man ihnen
sagen, ihr **Vater** sei ein Gauner gewesen.
Sie wären aber eher stolz, wenn sie erführen, dass ihr
Urgroßvater Seeräuber war. *Christian Friedrich Hebbel*

Als ich das **Vaterland** aus den Augen verloren hatte,
fand ich es im Herzen wieder. *Heinrich Heine*

Was ich **verachten** will, das muss ich auch kennen.

Gorch Fock

Verächtlich ist gewiss der Mann,
der ohne Grund verachten kann.

Johann Gottfried Seume

Sei du selbst die **Veränderung**,
die du dir wünschst für diese Welt.

Mahatma Gandhi

Verantwortung ist der Preis der Größe.

Winston Churchill

Uns etwas **verbieten** heißt, uns danach lüstern machen.

Michel de Montaigne

Verehrung ist tiefgekühlte Liebe.

Françoise Sagan

Ich glaube, dass über diejenigen, welche nichts
von der **Vergangenheit** wissen wollen,
sehr bald auch die Zukunft den Stab brechen wird.

Jakob Grimm

Vergangenheit bewältigt man dadurch,
dass man die Zukunft besser macht. *Manfred Rommel*

Das größte **Vergnügen** im Leben besteht darin,
das zu tun, von dem die Leute sagen,
du könntest es nicht. *Walter Bagehot*

Manches **Vergnügen** besteht darin,
dass man mit Vergnügen darauf verzichtet. *Peter Rosegger*

Das ist das **Verhängnis:** zwischen Empfängnis
und Leichenbegängnis nichts als Bedrängnis. *Erich Kästner*

Verliebtheit ist eine psychische Angina.

Jose Ortega y Gasset

Wer kämpft, kann **verlieren**.
Wer nicht kämpft, hat schon verloren. *Bertolt Brecht*

Meistens belehrt erst der **Verlust** uns
über den Wert der Dinge. *Arthur Schopenhauer*

Vernunft ist die sanfte Gewalt, die allem,
und selbst der Gewalt, Grenze und Maß setzt.

Karl Jaspers

Verschwiegenheit zu fordern ist nicht das Mittel,
sie zu erlangen. *Johann Wolfgang v. Goethe*

Wir wollen nicht die **Verstaatlichung** des Menschen, sondern die Vermenschlichung des Staates.

Johann Heinrich Pestalozzi

Der **Verstand** ist das nächstliegende Werkzeug, mit dem der Mensch rechnen kann. *Jose Ortega y Gasset*

Der **Verstand** und die Fähigkeit, ihn zu gebrauchen, sind zwei verschiedene Gaben. *Franz Grillparzer*

Ein gewöhnlicher **Verstand** ist wie ein schlechter Jagdhund, der die Fährte eines Gedankens schnell annimmt und schnell wieder verliert.

Hugo v. Hofmannsthal

Wo **Verstand** befiehlt, ist der Gehorsam leicht.

Theodor Fontane

Das von selbst **Verständliche** wird gemeinhin
am gründlichsten vergessen und am seltensten getan.

Christian Morgenstern

Alles **verstehen** heißt alles verzeihen. *Germaine de Staël*

Kann man einem Mann trauen, erübrigt sich ein Vertrag,
kann man ihm nicht **vertrauen**,
erübrigt sich ein Vertrag erst recht. *Jean Paul Getty*

Zuerst **verwirren** sich die Worte,
dann verwirren sich die Begriffe,
und schließlich verwirren sich die Sachen.

Chinesische Weisheit

Der Schwache kann nicht verzeihen.
Verzeihen ist eine Eigenschaft des Starken.

Mahatma Gandhi

Hast du **viel**, so gib reichlich. *Bibel, Tobias 4,9*

Öffne dir ein Hinterpförtchen durch **vielleicht**,
das nette Wörtchen. *Wilhelm Busch, Schein und Sein*

Virus ist ein lateinisches Wort,
welches Ärzte verwenden, wenn sie sagen wollen:
Ich weiß es auch nicht. *Bob Hope*

Gefriert es St. **Vital,** gefriert es noch fünfzehnmal.

Bauernregel für den 28. April

Wenn einer, der, mit Mühe kaum,
gekrochen ist auf einen Baum,
schon meint, dass er ein **Vogel** wär, so irrt sich der.

Wilhelm Busch, Der fliegende Frosch

Vollkommenheit muss das Ziel jedes wahren Künstlers sein. *Ludwig van Beethoven*

Das Streben nach **Vollkommenheit** macht manchen Menschen vollkommen unerträglich. *Pearl S. Buck*

Alle guten **Vorsätze** haben etwas Verhängnisvolles: sie werden unweigerlich zu früh gefasst. *Oscar Wilde*

Gute **Vorsätze** sind Schecks, auf eine Bank gezogen, bei der man kein Konto hat. *Oscar Wilde*

Vorsicht ist die Einstellung, die das Leben sicher macht, aber selten glücklich.

Samuel Johnson

Nicht, wer zuerst die **Waffen** ergreift, ist Anstifter des Unheils, sondern wer dazu nötigt.

Niccolò Machiavelli

Es kann sein, dass nicht alles **wahr** ist, was ein Mensch dafür hält (denn er kann irren); aber in allem, was er sagt, muss er wahrhaft sein (er soll nicht täuschen).

Immanuel Kant

Wenn es nicht **wahr** ist, so ist es doch gut erfunden.

Giordano Bruno

Das Leben dem **Wahren** weihen. *Juvenal*

(Anm.: lat. = „vitam impendere vero".)

Der Wein ist stark, der König stärker,
die Weiber noch stärker,
aber die **Wahrheit** am allerstärksten. *Martin Luther*

Einen Wahn verlieren macht weiser
als eine **Wahrheit** finden. *Ludwig Börne*

Die nackte **Wahrheit**. *Horaz*

(Anm.: lat. = „nuda veritas".)

Es ist durchaus nicht dasselbe, die **Wahrheit** über sich zu wissen oder sie von anderen hören zu müssen.

Aldous Huxley

Die **Wahrheit** ist immer das Beste. *Sophokles*

Wenn alle Menschen immer die **Wahrheit** sagten,
wäre das die Hölle auf Erden. *Jean Gabin*

Es gibt ebenso wenig hundertprozentige **Wahrheit**
wie hundertprozentigen Alkohol. *Sigmund Freud*

Wer die **Wahrheit** nicht weiß, der ist bloß ein Dummkopf.
Aber wer sie weiß und sie eine Lüge nennt,
der ist ein Verbrecher. *Bertolt Brecht*

Die beste und sicherste Tarnung ist immer noch
die blanke und nackte **Wahrheit**. Die glaubt niemand!
Max Frisch

Durch Vernunft, nicht durch Gewalt
soll man die Menschen zur **Wahrheit** führen.

Denis Diderot

Es gehört dazu ein trefflicher Mann,
der ein Löwenherz habe,
unerschrocken die **Wahrheit** zu schreiben. *Martin Luther*

Ihr werdet die **Wahrheit** erkennen,
und die Wahrheit wird euch frei machen.

Bibel, Evangelium des Johannes 8,32

Schneller hebt die **Wahrheit** ihr Haupt aus dem Irrtum
als aus der Verworrenheit. *Leonardo da Vinci*

Gibt es Regen auf **Walpurgisnacht**,
so hat dies immer ein gutes Jahr gebracht.

Bauernregel für die Nacht vom 30. April zum 1. Mai

Wenn der Wind des **Wandels** weht,
bauen die einen Schutzmauern,
die anderen bauen Windmühlen.

Chinesische Weisheit

Wandlung ist notwendig wie die Erneuerung
der Blätter im Frühling.

Vincent van Gogh

Gut immer ist redliche **Warnung** des Freundes.

Homer

Alle **Wasser** laufen ins Meer.

Bibel, Prediger Salomo 1,7

Hängt zur **Weihnacht** Eis von den Zweigen,
dann kannst du zu Ostern Palmen schneiden.

Bauernregel für den 25. Dezember

Gute Nacht, viel Glück, fröhliche **Weihnachten**,
und Gott segne euch alle auf der guten Erde.

William Anders

(Anm.: Der Astronaut umkreiste in der Weihnachtsnacht 1968 mit Apollo 8 den Mond.)

Ist **Weihnachten** hell und klar, dann hofft man auf
ein fruchtbares Jahr. *Bauernregel für den 25. Dezember*

Der **Wein** ist unter den Getränken das nützlichste,
unter den Arzneien das schmackhafteste,
unter den Nahrungsmitteln das angenehmste.

Plutarch

Im **Wein** ist Wahrheit. *Unbekannter Herkunft*

(lat. = „in vino veritas")

Jungen **Wein** in alte Schläuche füllen.

Bibel, Matthäus 9,17

Was die Raupe das Ende der **Welt** nennt,
das kennt der Rest der Welt als Schmetterling. *Laotse*

Wenn die meisten sich schon armseliger Kleider
und Möbel schämen, wie viel mehr
sollten wir uns da erst armseliger Ideen
und **Weltanschauungen** schämen.

Albert Einstein

Wer glaubt, etwas zu sein,
hat aufgehört, etwas zu **werden**. *Philip Rosenthal*

Wahrlich, keiner ist **weise**,
der nicht das Dunkel kennt. *Hermann Hesse*

Die **Weisheit** eines Menschen
misst man nicht an seiner Erfahrung,
sondern nach seiner Fähigkeit,
Erfahrungen zu machen. *George Bernard Shaw*

Mensch, lerne dich selbst erkennen:
das ist der Mittelpunkt aller **Weisheit**.
Gotthold Ephraim Lessing

Zweifel ist der **Weisheit** Anfang. *René Descartes*

Bis an der **Welt** Ende. *Bibel, Matthäus 28,20*

Die **Welt** ist ein schöner Ort
und wert, dass man um sie kämpft. *Ernest Hemingway*

Die ganze **Welt** liegt im Argen.
Bibel, 1. Brief des Johannes 5,19

Die ganze **Welt**, die dreht sich drum,
das Geld, das ist die Achse. *Wilhelm Müller*

Die **Welt** ist voll von Leuten,
die Wasser predigen und Wein trinken.
Giovannino Guareschi

Auge um Auge – und die ganze **Welt** wird blind sein.
Mahatma Gandhi

Die **Welt** wird nie gut, aber sie könnte besser werden.

Carl Zuckmayer

Am schlimmsten ist die **Weltanschauung** derer,
die die Welt nie angeschaut haben.

Alexander v. Humboldt

Die **Weltgeschichte** ist die Summe dessen,
was vermeidbar gewesen wäre. *Bertrand Russell*

Die **Weltgeschichte** ist eine Verschwörung
der Diplomaten gegen den gesunden Menschenverstand.

Arthur Schnitzler

Fünfzig Prozent bei der **Werbung**
sind immer rausgeworfen.
Man weiß aber nicht, welche Hälfte das ist. *Henry Ford*

Wer nicht wirbt, der stirbt. *Henry Ford*

Gute **Werke** haben keinen Namen. *Martin Luther*

Zum zehnten Mal **wiederholt**, wird es gefallen. *Horaz*

Der **Wind** bläst, wo er will.

Bibel, Evangelium des Johannes 3,8

Wer **Wind** sät, wird Sturm ernten. *Bibel, Hosea 8,7*

In **Wirklichkeit** gibt es nur die Atome und das Leere.

Demokrit

Jede **Wirtschaft** beruht auf dem Kreditsystem,
das heißt, auf der irrtümlichen Annahme,
der andere werde gepumptes Geld zurückzahlen.

Kurt Tucholsky

Man müsste eine **Wirtschaftsordnung** finden,
in der jeder die Kosten für das, was er anrichtet,
selbst trägt, statt sie auf andere abzuwälzen.

Hoimar v. Ditfurth

Ich **weiß**, dass ich nichts weiß. *Sokrates*

Ein **Widerstand** um jeden Preis ist das Sinnloseste,
was es geben kann. *Friedrich Dürrenmatt*

In der **Wirtschaft** geht es nicht gnädiger zu als in der
Schlacht im Teutoburger Wald. *Friedrich Dürrenmatt*

Zu wissen, was man weiß, und zu wissen, was man tut, das ist **Wissen**. *Konfuzius*

Alles **Wissen** ist Erinnerung. *Thomas Hobbes*

Wissen ist nicht genug, wir müssen es anwenden.
Wollen ist nicht genug, wir müssen es tun.
Johann Wolfgang v. Goethe

Wissen ist ein Schatz, der seine Besitzer überallhin begleitet. *Chinesische Weisheit*

Ich halte dafür, dass das einzige Ziel der **Wissenschaft** darin besteht, die Mühseligkeit der menschlichen Existenz zu erleichtern. *Bertolt Brecht*

Die **Wissenschaft** hat keine moralische Dimension.
Sie ist wie ein Messer.
Wenn man sie einem Chirurgen und einem Mörder gibt,
gebraucht es jeder auf seine Weise. *Wernher von Braun*

Wissenschaft ist die jüngste Weltreligion, die erste,
die wirklich die gesamte Welt umfasst. *Ludwig Marcuse*

Wissenschaft ist nur eine Hälfte, Glauben ist die andere.
Novalis

Alles **wissenschaftliche** Arbeiten ist nichts anderes,
als immer neuen Stoff in allgemeine Gesetze zu bringen.
Wilhelm v. Humboldt

Der **Witz** ist das einzige Ding, was umso weniger
gefunden wird, je eifriger man es sucht. *Friedrich Hebbel*

Witz ist Intellekt auf dem Bummel. *Oscar Wilde*

Wohltaten, die für morgen projektiert,
geplant oder vorgesehen sind,
zählen für die hungernden Menschen
von heute überhaupt nicht. *Indira Gandhi*

In meines Vaters Hause sind viele **Wohnungen.**
Bibel, Evangelium des Johannes 14,2

Gibt es an St. **Wolfgang** Regen, dann verspricht dies
ein Jahr voll Segen. *Bauernregel für den 31. Oktober*

Du sprichst ein großes **Wort** gelassen aus!
Johann Wolfgang v. Goethe

(Anm.: Ein Zitat aus „Iphigenie auf Tauris". Wird oft gebraucht, aber kaum jemand kennt die Quelle.)

Einmal entsandt, fliegt das **Wort** unwiderruflich dahin.

Horaz

Ein böses **Wort** läuft bis ans Ende der Welt. *Wilhelm Busch*

Worte sind die mächtigste Droge,
welche die Menschheit benutzt. *Rudyard Kipling*

Mit bösen **Worten**, die man ungesagt hinunterschluckt,
hat sich noch niemand den Magen verdorben.

Winston Churchill

Das große unzerstörbare **Wunder**
ist der Menschenglaube an Wunder. *Jean Paul*

Ein **Wunder** ist eine Begebenheit, deren Grund
nicht in der Natur zu finden ist. *Immanuel Kant*

Unsere **Wünsche** sind die Vorboten der Fähigkeiten,
die in uns liegen. *Johann Wolfgang v. Goethe*

Der **Würfel** ist gefallen. *Unbekannter Herkunft*

(Anm.: Das soll Julius Caesar gesagt haben, als er den Rubikon überschritt; lat. = „alea iacta est". Diese Metapher gilt aber als viel älter. Würfelspiele sind schon seit ca. 5 000 Jahren bekannt.)

Die Axt an die **Wurzel** legen. *Nach der Bibel, Matthäus 3,10*

Jeder kann wütend werden, das ist einfach.
Aber **wütend** auf den Richtigen zu sein, im richtigen Maß,
zur richtigen Zeit, zum richtigen Zweck
und auf die richtige Art, das ist schwer. *Aristoteles*

Die **Zahl** ist das Wesen der Dinge. *Pythagoras*

Ach! Reines Glück genießt doch nie,
wer **zahlen** soll und weiß nicht wie. *Wilhelm Busch*

(Anm.: Das Werk „Maler Klecksel" ist im Vergleich zu „Max ubd Moritz" weniger bekannt, hat aber sehr viele humorvolle und zeitlose Sprüche zu bieten.)

Was macht man sich aus der Liebe der ganzen Menschheit,
wenn man **Zahnweh** oder Migräne hat? *Theodor Fontane*

Mondbeglänzte **Zaubernacht,** die den Sinn gefangen hält,
wundervolle Märchenwelt, steige auf in der alten Pracht!

Ludwig Tieck

Es geschehen noch **Zeichen** und Wunder.

Bibel, 5. Moses 7,19

Alles zu seiner **Zeit**. *Bibel, Prediger Salomo 3,1*

Niemand kann vor seiner **Zeit** davonlaufen.

Albert Schweitzer

Denke immer daran, dass es nur eine wichtige **Zeit** gibt:
Heute. Hier. Jetzt. *Lew Tolstoi*

Wir eilen mit dem Strom der **Zeit**
stets näher hin zur Ewigkeit. *Joachim Neander*

Die **Zeit** verwandelt uns nicht, sie entfaltet uns nur.

Max Frisch

Zeit ist das, was man an der Uhr abliest. *Albert Einstein*

Es ehrt unsere Zeit, dass sie genügend Mut aufbringt, Angst vor dem **Krieg** zu haben. *Albert Camus*

Ist die Zeit das Kostbarste unter allem,
so ist **Zeitverschwendung**
die allergrößte Verschwendung. *Benjamin Franklin*

Jetzt sind die guten alten **Zeiten**, nach denen wir uns in zehn Jahren zurücksehnen.

Peter Ustinov

Die **Zeitung** ist die Konserve der Zeit. *Karl Kraus*

Die **Zensur** ist die jüngere von zwei schändlichen Schwestern, die ältere heißt Inquisition.

Johann Nepomuk Nestroy

Das **Zeremoniell** an Höfen, im Umgang –
was ist es anderes als Formalienkram und Klauberei?

Immanuel Kant

Du sollst nicht falsch **Zeugnis** reden
wider deinen Nächsten. *Bibel, 2. Moses 20,16; 8. Gebot*

Wir sind nur dadurch erfolgreich, dass wir uns im Leben oder im Krieg oder wo auch immer ein einzelnes beherrschendes Ziel setzen, und diesem **Ziel** alle anderen Überlegungen unterordnen. *Dwight D. Eisenhower*

Nur wer sein **Ziel** kennt, findet den Weg. *Laotse*

Der Weg ist das **Ziel**. *Konfuzius*

Mit **Zittern** und Zagen. *Bibel, Apostelgeschichte 9,6*

Was die Menschen **Zivilisation** nennen,
ist der Zustand gegenwärtiger Sitten;
was sie Barbarei nennen,
das sind die Sitten der Vergangenheit. *Anatole France*

Die Grenze zwischen **Zivilisation** und Barbarei
ist nur schwer zu ziehen: Stecken Sie sich einen Ring
in Ihre Nase, und Sie sind eine Wilde; stecken Sie sich
zwei Ringe in Ihre Ohren, und Sie sind zivilisiert.
Pearl S. Buck

Zivilisation ist erzwungene Tierzähmung
des Menschen. *Friedrich Nietzsche*

Zivilisation ist die unablässige Vermehrung
unnötiger Notwendigkeiten. *Mark Twain*

Die überkultivierten Rosen verlieren ihren Duft,
die **überzivilisierten** Menschen ihre Seele. *Zenta Maurina*

Mein Vater, Winston Churchill, sagte einmal zu mir,
es sei uns **zivilisierten** Menschen zwar gelungen,
das Raubtier in uns auszuschalten, nicht jedoch den Esel.

Sarah Churchill

Eifer und **Zorn** verkürzen das Leben.

Bibel, Jesus Sirach 30,26

Lasset die Sonne nicht über eurem **Zorn** untergehen!

Bibel, Epheser 4,26

Zorn ist ein kurzer Wahnsinn. *Horaz*

(Anm.: Ein Spruch aus den „Episteln", lat. = „ira furor brevis est".)

Der **Zufall** ist der einzig legitime Herrscher
des Universums. *Napoleon I.*

Je planmäßiger die Menschen vorgehen,
desto wirksamer vermag sie der **Zufall** treffen.
Friedrich Dürrenmatt

Der **Zufall** ist ein Rätsel, welches das Schicksal
dem Menschen aufgibt. *Friedrich Hebbel*

Das, wobei unsere Berechnungen versagen,
nennen wir **Zufall.** *Albert Einstein*

Zufall ist der gebräuchlichste Deckname des Schicksals.

Theodor Fontane

Es ist mein Job, nie **zufrieden** zu sein. *Wernher von Braun*

Iss und trink und sei **zufrieden.** *Bibel, Lukas 12,19*

Um **zufrieden** zu sein, das heißt über der Not zu stehen, kommt es nicht darauf an, was man hat, sondern darauf, was man ist. *Jeremias Gotthelf*

Am Ende eines Weges ist gut **Zufriedenheit**;
doch wer schon am Anfang ist zufrieden,
der kommt nicht weit. *Friedrich Rückert*

Die größte Freud' ist doch die **Zufriedenheit**.

Wilhelm Busch

Mehr als die Vergangenheit interessiert mich die **Zukunft**, denn in ihr gedenke ich zu leben. *Albert Einstein*

Das Merkwürdigste an der **Zukunft**
ist wohl die Vorstellung, dass man unsere Zeit
später die gute alte Zeit nennen wird. *John Steinbeck*

Die **Zukunft** ist als Raum der Möglichkeiten
der Raum unserer Freiheit. *Karl Jaspers*

Die wahre Großzügigkeit der **Zukunft** gegenüber besteht darin, in der Gegenwart alles zu geben.

Albert Camus

Gar töricht ist, wer auf die **Zukunft** baut.

Jean Baptiste Racine

Seine **Zunge** im Zaum halten. *Bibel, Jakobus 1,26*

Vieles auf der Welt kommt **zusammen**,
aber selten die richtigen Paare. *August Strindberg*

Was Gott **zusammengefügt** hat,
das soll der Mensch nicht scheiden. *Bibel, Matthäus 19,6*

Man kann viel, wenn man sich nur recht viel **zutraut.**

Wilhelm v. Humboldt

Des Glaubens Sonde ist der **Zweifel**. *Johann Gottfried Seume*

Ich bin ein armes **Zwiebelchen,** nimm mir das nicht übelchen. Ich bin ein ungezognes Kind, weil meine Eltern Säufer sind. *Joachim Ringelnatz*

Schön ist ein **Zylinderhut,** wenn man ihn besitzen tut. *Wilhelm Busch*

Ein **Zyniker** ist ein Mensch, der von allem den Preis und von nichts den Wert kennt. *Oscar Wilde*

Zynismus heißt, dass man von niemand mehr erwartet, als von sich selbst. *Elias Canetti*

Register

Register lateinischer Sprüche

Register der Bauernregeln

Bauernregeln nach Monaten

Hier finden Sie einige Bauernregeln, die sich auf die Monate beziehen. Auch diese lassen sich, je nach Situation, bei Ansprachen, in Briefen oder E-Mails auf humorvolle Weise verwenden.

Januar

Auf kalten trocknen Januar folgt oft viel Schnee im Februar.

Im Januar viel Regen und wenig Schnee,
das tut Saaten, Wiesen und Bäumen weh.

Je frostiger der Januar, desto freundlicher das Jahr.

Ist der Januar frostig und kalt, dann lockt uns bald der grüne Wald.

Ist der Januar kalt und weiß, dann kommt der Frühling ohne Eis.

Januar weiß, Sommer heiß.

Februar

Viel Nebel im Februar, viel Regen das ganze Jahr.

Wenn es im Februar regnerisch ist, dann hilft es so viel wie guter Mist.

Im Februar Schnee und Eis, das macht den Sommer richtig heiß.

März

Ein feuchter März ist des Bauern Schmerz.

Fürchte nicht den Schnee im März, denn darunter wohnt ein warmes Herz.

Wenn im März viel Winde weh'n, dann wird es im Mai meist warm und schön.

So viel Nebeltage im März, so viel Frosttage im Mai.

April

Der April tut, was er will.

April, April, der macht, was er will.

Aprilwetter und Kartenglück, die wechseln jeden Augenblick.

Bläst der April mit beiden Backen, dann ist genug zu jäten, hacken.

Heller Mondschein in der Aprilnacht schadet leicht der Blütenpracht.

Ist der April sehr trocken, dann geht der Sommer nicht auf Socken.

Ist der April viel zu schön, dann kann im Mai der Schnee noch weh'n.

Nasser April und windiger Mai bringen ein fruchtbares Jahr herbei.

Nasser März und trockener April, kein Kräutlein geraten will.

Siehst du im April die Falter tanzen, dann magst du getrost im Garten pflanzen.

Der April die Blume macht, der Mai gibt ihr die Farbenpracht.

Mai

Die erste Liebe und der Mai, die gehen selten ohne Frost vorbei

Wenn es im Mai viel regnet, dann ist das Jahr gesegnet.

Aus nassem Mai kommt trockener Juni herbei.

Der Mai bringt Blumen dem Gesichte, aber dem Magen keine Früchte.

Ist's im Mai recht kalt und nass, dann haben die Maikäfer wenig Spaß.

Maienfröste sind unnütze Gäste.

Auf nassen Mai kommt trockner Juni.

Mairegen auf die Saaten, dann regnet es Dukaten.

Regnet es im Mai, dann schreien Gärtner und Bauern juchhei!

Im Mai ein warmer Regen, das bedeutet Früchtesegen.

Der Mairegen bringt Segen, dann da wächst jedes Kind, da wachsen die Blätter und die Blumen geschwind.

Juni

Viermal Juniregen, das bringt zwölffachen Segen.

Wenn kalt und nass der Juni war, verdirbt er meist das ganze Jahr.

Nordwind, der im Juni weht, nicht im besten Rufe steht. Kommt er an mit kaltem Gruß, bald Gewitter folgen muss.

Juniregen – reicher Segen.

Soll gedeihen Korn und Wein, dann muss im Juni Regen sein.

Gibt es im Juni Donnerwetter, dann wird auch das Getreide fetter.

Wenn es im Juni viel regnet, ist der Graswuchs gesegnet.

Juli

Im Juli warmer Sonnenschein, macht alle Früchte reif und fein.

Im Juli muss vor Hitze braten, was im September soll geraten.

Ein tüchtiges Juligewitter, das ist gut für Winzer und Schnitter.

Heißer Juli verheißt guten Wein.

Muss im Juli man nicht schwitzen, dann wird die Jahresplag nichts nützen.

Wer im Juli sich regen tut, der sorgt für den Winter gut.

Wenn die Schwalben Ende Juli schon ziehen, dann sie vor baldiger Kälte fliehen.

August

Im August beim ersten Regen, da pflegt die Hitze sich zu legen.

Fängt der August mit Donnern an, dann er es bis zum Ende nicht lassen kann.

Dem August sind Donner nicht Schande, denn sie nutzen der Luft und dem Lande.

Der August muss große Hitze haben, sonst der Obstbaumsegen wird begraben.

Ein trockener August ist der Bauern Lust.

Viel August-Sonnenschein bringt guten Wein.

Im August viel Regen ist dem Wein kein Segen.

Im August der Wind aus Nord, der jagt unbeständiges Wetter fort.

Macht der August uns heiß, dann bringt der Winter meist viel Eis.

September

Nie hat der September zu braten vermocht, was der August nicht hatte gar gekocht.

Sitzt die Birne Septemberbeginn noch fest am Stiel,
dann bringt der Winter Kälte viel.

Warmer und trockener Septembermond wird mit vielen Früchten reichlich belohnt.

Bleiben die Schwalben lange, so sei vor dem Winter nicht bange.

Wenn im September viele Spinnen kriechen,
sie einen harten Winter riechen.

Ist der September schön in den ersten Tagen,
dann will den ganzen Herbst ansagen.

Septemberwetter warm und klar, das verheißt ein gutes nächstes Jahr.

Ist der September lind, dann ist der Winter ein Kind.

Oktober

Ist der Oktober warm und fein, dann kommt ein scharfer Winter rein.

Nichts kann mehr vor Raupen schützen, als das Oktobereis in Pfützen.

Bringt der Oktober viel Regen, so ist es für die Felder ein Segen.

Im Oktober-Sonnenschein, das schüttet Zucker in den Wein.

Gewitter im Oktober künden, dass du wirst nassen Winter finden.

November

Blühen im November die Bäume aufs neu, währet der Winter bis zum Mai.

Sitzt im November noch das Laub, wird der Winter hart, das glaub!

Ist im November der Buche Holz im Saft, dann wird der Regen stärker als der Sonne Kraft.

Ist im November die Buche im Saft, dann viel Nässe der Winter schafft.

Tummelt sich im November die Haselmaus, dann bleibt der Winter noch lange aus.

Der Novemberschnee tut der Saat nicht weh.

Friert im November früh das Wasser, dann wird der Jänner umso nasser.

November nass bringt jedem was.

November hell und klar, das ist nicht übel für das nächste Jahr.

November tritt oft hart herein, muss nicht viel dahinter sein.

Je mehr Schnee im November fällt, umso fruchtbringender wird das Feld.

Dezember

Im Dezember sollen Eisblumen blühn, Weihnachten sei nur auf dem Tische grün.

Herrscht im Advent recht strenge Kält, sie volle achtzehn Wochen anhält.

Ist der Dezember launisch und lind, dann bleibt der Winter ein Kind.

Die Erde muss ihr Bettuch haben, soll sie der Winterschlaf laben.

Fließt im Dezember noch der Birkensaft, dann kriegt der Winter keine Kraft.

Kalter Dezember und fruchtbares Jahr, die sind vereinigt immerdar.

Register der Bibelzitate

Die Bibel gehört zusammen mit den Philosophen der griechischen und römischen Antike zu den historischen Wurzeln westlicher Kultur. Viele Redewendungen unserer heutigen Sprache leiten sich daraus ab. Die Bibel wird auch als „Buch der Bücher" bezeichnet, und das gilt für das Judentum ebenso wie für das Christentum. Die Bibel ist eine eigene Sammlung von Schriften, die für sie das Wort Gottes enthalten und als Heilige Schrift Urkunden ihres Glaubens sind. Es handelt sich dabei um verschiedene Zusammenstellungen von „Büchern" (griechisch: „biblia", daher der Name) aus dem Vorderen Orient, die im Verlauf von etwa 1200 Jahren entstanden sind und bis zum 2. Jahrhundert zuerst von Juden, dann auch von Christen übernommen wurden.

Die Orthodoxen Kirchen haben schon früh Bibeln in der Landessprache verwendet, während für die katholische Kirche seit dem Altertum die lateinische Bibelübersetzung des Hieronymus (die „Vulgata") maßgebend war. In den germanischen und keltischen Gebieten Westeuropas wurde die Bibel aber fast nur auf Lateinisch verbreitet. Durch die Übersetzungen der Reformatoren Luther und Zwingli in den Jahren 1522 bis 1534 wurde die Bibel zum ersten Mal einer größeren Leserschaft im deutschen Sprachraum zugänglich. Maßgeblichen Beitrag dazu leistete die Erfindung des Buchdrucks. Die Bibel ist zweifellos das meistgedruckte Buch der Welt. Daher ist es kein Wunder, dass viele Redewendungen und Sprüche Einzug in unsere alltägliche Sprache gehalten haben. Dies ist uns oft nicht bewusst. In diesem Buch wurde eine kleine Sammlung zusammengestellt mit alltäglichen Redewendungen, die der Bibel entstammen.

Register der Verfasser

Ich denke mir: Über kurz oder lang
werden die Menschen dazu kommen,
mit Ausnahme der rein berichtenden Erzählung
alles in Aphorismen zu schreiben. *Samuel Johnson*

Hier finden Sie die Verfasser der Zitate alphabetischer Reihenfolge mit einer Seitenangabe ihres Vorkommens. Dieses Register erhebt keinen Anspruch auf Vollständigkeit, was die Lebensdaten der Verfasser betrifft, da auch viele noch lebende darunter sind. Die Verfasser von Sprüchen mit biblischem Ursprung finden Sie in einem gesonderten Register auf den vorausgehenden Seiten. Eine Liste der Stichwörter steht am Anfang des Buches.

Literatur

Ackrill, John L.: **Aristoteles**, Berlin/New York 1985

Albrecht, Wilma Ruth: **Von der Partein Gunst und Hass verwirrt ... – Zur Aktualität von Friedrich Schillers Dramen**, Aachen, Shaker, 2006

Asimov, Isaac: **Isaac Asimov's Book of Facts.** Hastings House, New York 1992

Barnes, Jonathan: **Aristoteles**: eine Einführung, Reclam, Stuttgart 1999

Buchheim, Thomas: **Aristoteles**. Freiburg i. Br. 1996

Busch, Heinrich Christian Wilhelm:

- **Sämtliche Werke und eine Auswahl der Skizzen und Gemälde in zwei Bänden.** Und die Moral von der Geschicht. (Band 1) Was beliebt ist auch erlaubt. (Band 2) Herausgegeben von Rolf Hochhuth, C. Bertelsmann Verlag, Gütersloh, 1982
- **Gedichte und Bildergeschichten** (Kassette, 2 Bände), Diogenes Verlag, Zürich 2007
- **Historisch – kritische Gesamtausgabe**. Hgg. von Friedrich Bohne. 4 Bände. Wiesbaden, Emil Vollmer Verlag.
- **Hundert Gedichte**. Herausgegeben von Gudrun Schury. Aufbau-Verlag, Berlin 2007
- **Gesammelte Werke**. CD-ROM der Reihe kleine digitale bibliothek. Berlin, 2008
- **Fink und Frosch** (Gedicht)
- **Mundart-Anthologien: Max und Moritz von A bis Z.** Hrsg. von Manfred Görlach, Universitätsverlag C. Winter, Heidelberg 1995

Crow, Carl: **Konfuzius. Staatsmann – Heiliger – Wanderer**. Leipzig 1939

Crystal, David (Hrsg.): **The Cambridge Factfinder.** Cambridge University Press 2000

Detel, Wolfgang: **Aristoteles**. Leipzig 2005
Düring, Ingemar: **Aristoteles**. Heidelberg 1966
Faber, Olaus: **Das babylonische Handbuch der Sprache.** Eichborn, Berlin 2008
Goethe, Johann Wolfgang von: **Sämtliche Werke**, Carl Hanser Verlag, München 1986
- **Clavigo**
- **Der Bürgergeneral**
- **Der Groß-Cophta**
- **Der Triumph der Empfindsamkeit**
- **Die Geschwister**
- **Die Laune des Verliebten**
- **Die Leiden des jungen Werthers**
- **Die Mitschuldigen**
- **Die natürliche Tochter**
- **Die Wahlverwandtschaften**
- **Egmont**
- **Ein Fastnachtsspiel vom Pater Brey**
- **Erwin und Elmire**
- **Faust I und II**
- **Götter, Helden und Wieland**
- **Götz von Berlichingen mit der eisernen Hand**
- **Iphigenie auf Tauris**
- **Jahrmarktsfest zu Plundersweilern**
- **Pandora**
- **Proserpina**
- **Stella**
- **Torquato Tasso**
- **Unterhaltungen deutscher Ausgewanderten**
- **Wilhelm Meisters theatralische Sendung**
- **Wilhelm Meisters Lehrjahre**
- **Wilhelm Meisters Wanderjahre**

Graham, Benjamin: **The Superinvestors of Graham-and-Doddsville**, Harper & Row, 2003

Guratzsch, Herwig, u. Neyer, Hans Joachim (Hrsg.): **Wilhelm Busch – Die Bildergeschichten**, Schlütersche, Hannover, 2007

Hagstrom, Robert G.: **Buffettissimo**. Campus, Frankfurt a.M. 2002

Heimannsberg, Joachim: **Brockhaus! Was so nicht im Lexikon steht**. Brockhaus, Leipzig

Kaltenmark, Max: **Lao-Tzu und der Taoismus**. Ed. Suhrkamp 1055, Frankfurt am Main 1981

Kippenhahn, Rudolf: **Verschlüsselte Botschaften.** Rowohlt, Reinbek 1997

Knischek, Stefan: **Lebensweisheiten berühmter Philosophen**, humboldt, Hannover 2008

Kohn, Livia: **God of the Dao: Lord Lao in History and Myth**. Ann Arbor, Univ. of Michigan 1998

Koster, Rudolf: **Eigennamen im deutschen Wortschatz**. De Gruyter, Berlin 2003

Kramer, Walter: **Denkste!** Campus, Frankfurt am Main 1996

Kramer, Walter/Sauer, Wolfgang: **Lexikon der populären Sprachirrtümer**. Eichborn, Frankfurt am Main 2001

Lowenstein, Roger: **Buffett – The Making of an American Capitalist**. Random House, New York 1995

Matz, Klaus-Jürgen: **Wer regierte wann? Regententabellen zur Weltgeschichte.** Von den Anfängen bis zur Gegenwart, dtv, München 2001

Malberg, Horst: **Bauernregeln: Aus meteorologischer Sicht**. Berlin, 1999

Morio, Ayano: **Warren Buffett. Ein Manga.** FinanzBuch Verlag, München 2006

Melchers, Carlo: **Das große Buch der Heiligen.** Ludwig, Munchen 1999

Nalbandyan, Anna: **Schillers Geschichtsauffassung und ihre Entwicklung in seinem klassischen Werk**, Verlag Dr. Kovac, Hamburg 2008
Möller, Hans-Georg: **Laozi – Meister der Spiritualität**. Freiburg 2003
Noetzel, Wilfried: **Friedrich Schillers Philosophie der Lebenskunst.** Turnshare, London 2006
Pardoe, James: **So macht es Warren Buffett.** Linde, Wien 2005
Robinson, Andrew: **Die Geschichte der Schrift.** Albatros, Düsseldorf 2004
Roetz, Heiner: **Konfuzius**. Beck, München 1995
Schäfer, Peter: **Die Präsidenten der USA in Lebensbildern**, Komet, Köln 2005
Schiller, Johann Christoph Friedrich von: Werkausgabe, Frankfurt, 2004
– **Das Lied von der Glocke**
– **Das Siegesfest**
– **Das verschleierte Bild zu Sais**
– **Demetrius**
– **Der Antritt des neuen Jahrhunderts**
– **Der Handschuh**
– **Der Kampf mit dem Drachen**
– **Der Ring des Polykrates**
– **Der Taucher**
– **Die Braut von Messina**
– **Die Bürgschaft**
– **Die Götter Griechenlands**
– **Die Huldigung der Künste**
– **Die Jungfrau von Orléans**
– **Die Kraniche des Ibykus**
– **Die Räuber**
– **Die Teilung der Erde**

– **Die Verschwörung des Fiesco zu Genua**
– **Don Karlos**
– **Hektors Abschied**
– **Kabale und Liebe**
– **Körners Vormittag**
– **Maria Stuart**
– **Nänie**
– **Ode an die Freude**
– **Resignation**
– **Ritter Toggenburg**
– **Wallenstein-Trilogie**
– **Wilhelm Tell**

Schmitz, Rainer: **Was geschah mit Schillers Schädel?** Eichborn, Frankfurt am Main 2006

Schroeder, Alice: **Warren Buffett – Das Leben ist wie ein Schneeball.** FinanzBuch Verlag, München 2008

Simson, Wojciech Jan: **Die Geschichte der Aussprüche des Konfuzius (Lùnyǔ)**. Lang, Bern 2006

Smith, Adam: **Supermoney. Michael Joseph**, London 1973

Wilhelm, Richard: **Laotse – Tao Te King.** Eugen Diederichs Verlag, Köln-Düsseldorf 1957

Xuewu Gu: **Konfuzius zur Einführung.** Junius, Hamburg 2002

Ziegler, Theobald: **Friedrich Schiller**, Nachdruck, Schutterwald/Baden 1998

Zotz, Volker: **Konfuzius.** Rowohlt, Reinbek 2000